경성대학교 한국한자연구소 HK+사업단 교양총서 03
한자의 발자취를 따라
일본 간사이 지방

경성대학교 교양총서 03

일본 간사이 지방

한자의 발자취를 따라

한자문명연구사업단 엮음

기유미 김시현 남미영 신아사
이진숙 이해구 임현열 조성덕
진미리 최승은 하강진 홍유빈

역락

서문

한자인문로드는 경성대학교 한국한자연구소 인문한국플러스(HK+) 사업단과 일반 시민들의 문화 답사입니다. 중국을 비롯하여 한국과 일본은 역사적으로 복잡하고 밀접한 관계를 유지하고 행상 무역 등으로 소통해 왔는데 특히 한자의 전래와 도입으로 동북아는 문화의 진화와 발달을 진행시켜 왔습니다.

중국과의 무역을 통해 들어간 한자의 명문이 한반도에 가장 일찍 들어간 것으로 추정하고 있습니다. 중국을 통해 전래된 한자는 한반도에서 영향력을 확장하며 문화 발전을 이루었고 이웃 일본으로 불교와 더불어 건너가 국가 성립의 토대를 이루는 역할을 담당하게 됩니다.

경성대학교 한국한자연구소 인문한국플러스(HK+) 사업단을 비롯하여 한자를 통해 동북아 문화에 많은 관심과 해박한 지식을 소지한 일반 시민들과의 탐방 프로그램은 기획단의 의도와 계획을 뛰어넘는 열정으로 가득했습니다.

2018년 인문한국플러스(HK+) 사업단의 출범 이후 중국과 그리고 대만 등 한자 문명을 통해 상기의 지역을 방문하여, 탐방의 역사를 쌓아왔습니다. 그리고 2024년 2월초, 본 사업단은 일본을 본거지로 한 한자 문명의 발자취를 따라 나서기로 했습니다.

한자가 도래되어 일본에서 기록 문자로 사용됨에 따라, 율령, 정치, 문화 전반에 커다란 영향을 끼치게 됩니다. 한자의 음만을 본 따 일본 고대어에 혼용한 만요가나(万葉仮名)로 일본의 한자 표기는 시작되게 됩니다.

8세기 후반 한자의 전래를 기반으로 일본의 문자 히라가나(平仮名)와 가타가나(カタカナ)가 만들어졌으며 이로 인해 기록물의 편찬을 통해 일본의 역사 기록과 문학이 발달하게 되었습니다. 중국과 같이 한자를 전용으로 하는 곳을 제외하고는 일본이 한자를 현재에 이르기까지 가장 유용하게 적용하고 있다고 볼 수 있겠습니다.

8세기 중엽부터 일본은 고사기(古事記)를 비롯하여 일본서기(日本書紀) 등을 통해 국가 규모의 역사를 기록할 수 있게 되었으며 문화와 예술 방면의 발달과 진화를 이루게 된 것입니다. 바로 이런 일본 한자의 도래를 처음 맞이한 곳이 간사이(関西) 지역인데 나라(奈良)로 시작하여 교토(京都)로 이어지는 일본 고대의 시대별 역사를 가지고 있는 지역입니다.

일본편 한자인문로드 탐방에 앞서 하영삼 소장님의 추진력에 힘입어, HK사업단 여러분의 단결력을 비롯하여 최승은 교수님과 김시현 교수님의 노고와 정성에 심심한 감사의 말씀 올립니다.

자, 그럼 지금부터 만요가나(万葉仮名)의 본거지인 나라(奈良)의 아스카(飛鳥)를 탐방의 시발(始発)로 하여 한자인문로드를 떠나보기로 하겠습니다.

2024년 10월
12명의 저자를 대표하여,
한자로드 간사이 편 준비위원장
남미영

차례

서문　　　　　　　　　　　　　　　　　　　　　　　　　　5

1. 일본 문학을 통해 새롭게 마주한 일본 | 기유미　　　　　　11
   : 만요슈[萬葉集]와 겐지모노가타리[源氏物語]

2. 일본 교토에서 만난 한자와 한자 교육 | 김시현　　　　　　25
   : 한검한자박물관·도서관 방문

3. 만요가나(万葉仮名)로 시작하는 일본의 漢字 | 남미영　　　43

4. 교토에서 만난 피카소, 나의 스승[我師] | 신아사　　　　　61

5. 『겐지 모노가타리』 속 헤이안 시대 여행 | 이진숙　　　　75

6. 일본 나라 현, 교토, 오사카 | 이해구　　　　　　　　　　95
   : 시간의 흔적을 따라간 여행

7. **한자의 발자취를 따라** | 임현열   103
   : 간사이 지방에서 만난 동아시아 문화의 정수

8. **간사이(關西) 지역** | 조성덕   123

9. **소중한 순간, 소중한 인연** | 진미리   143
   : いちご いちえ(一期一会)

10. **돌과 오사카** | 최승은   165

11. **일본 간사이지역에서 접한 문화적 기억의 횡단** | 하강진   179

12. **'한검(漢檢) 한자박물관'과 '일본한자능력검정협회'에 대하여** | 홍유빈   207

한자의 발자취를 따라
일본 간사이 지방

## 1

일본 문학을 통해 새롭게 마주한 일본
: 만요슈[萬葉集]¹ 와 겐지모노가타리[源氏物語]

기유미

    필자는 중국어 전공자로 이전에 일본과 일본 문화에 관해서는 연구 과정에서 일본 언어의 일부를 비교 대상으로 언급하는 정도의 관심을 가졌을 뿐이었다. 가까운 나라 일본에는 개인적으로 몇 차례나 여행을 다녀왔지만, 특별한 인상을 남기진 못했다. 하지만 이번 한자문명로드는 외국인이 단순한 여행 목적으로는 닿을 수 없는 특별한 장소들도 방문하였으며, 그 속에서 과거에는 전혀 인식하지 못했던 일본만의 특별한 문화를 가까이에서 들여다보는 시간이 되었다.

    문자(한자)와 그 너머의 문화와 문명을 살펴보고자 떠난 5일간의 여정 가운데 특히 필자에게 깊은 여운을 준 것은 일본의 문학 '만요슈[萬葉集]' 그리고 '겐지모노가타리[源氏物語]'이다.

---

1   본문 중 만요슈에 관한 기본 내용 중 별도의 출처가 없는 부분은 만요문화관의 설명을 인용하였다. 만요문화관(万葉文化館) https://www.manyo.jp/kr/manyo-shu/

1. 첫번째 만남 '만요슈[萬葉集]'

일본 최초 국가의 수도였던 나라[奈良]에는 만요문화관(万葉文化館)이 자리하고 있다. 이곳은 7세기 중엽[2] 일본 최초의 가집인 만요슈[万葉集]를 테마로 관련 자료를 전시하는 곳이다. 만요슈는 총20권 4500여 수의 노래를 모아서 편성된 책이며, 여기에는 일본의 독특한 정형 서정시인 와카 [和歌]가 기록되어 있다. 와카는 5·7·5·7·7의 5구절 31음의 형식으로 단가(短歌)라고 부르기도 한다. 초기에는 구전가요로 전해지다가 만요슈의 완성으로 와카가 형성되었다.『만요슈』가 편찬될 당시에는 아직 가나(仮名)가 없었기 때문에, '만요가나[万葉仮名][3]'를 사용했다.

---

2 일본 고시 국문학관 관장이며, 만요슈 연구의 일인자인 나카니시 스스무(中西進)가 제시한 시기이다. (경남도민일보: 제13회 창원KC국제문학상에 나카니시 스스무 씨 선정) 문헌과 학자에 따라 약간의 차이가 있다.

3 만요가나란 일본어 가요를 수록한 만요슈에 쓰인 가나라는 의미로 히라가나, 가타카나와 구별된다. 이 만요가나에는 한자의 음을 기초로 한 음가나와 한자의 훈을 기초로 한 훈가나가 있는데, 음가나가 먼저 발생한 이래 6세기 전반에 와서 훈이 쓰이고 7세기 후반에 이르러 훈가나가 성립하였다. 만요가나는 이후 8세기에 와서 고사기(古事記), 일본서기(日本書紀) 등 역사서와 가집 만요슈의 가요 및 고유명사를 표기하는 데 사용되었다. 9세기 이후에는 한자의 음주나 의미 등 문서를 기록하는 데에도 쓰였다. 또한 임금의 조칙인 선명(宣命)의 경우 자립어로는 한자를 사용하였지만 부속어는 만요가나로 적었다…(중략) 한문으로 된 불경의 해독을 돕기 위한 메모로 만요가나가 사용되었다. 이때 한문의 의미나 음, 어미와 조사 등을 재빨리 표기하기 위해 만요가나 한자의 복잡한 획의 일부를 생략한 채 쓰게 되었는데 그것이 생획 가나이자 가타카나이다. 히라가나도 만요가나를 전체적으로 흘려 쓴 초서체가 점차 단순화 되면서 나타난 것이다. 한문 훈점 기입의 세계에서는 대략 9세기 초반에 이르러 만요가나 외에 초서체인 히라가나(즉, 소가나(草仮名)), 생획체인 가타카나가 함께 사용되었는데 이후 점차 히라가나는 쇠하고 생획 가나는 가타카나로 발전하게 된다. 한편 문서와 기록의 세계에서는 8세기 만요가나가 초서체로 쓰이게 되면서 9세기 이후 히라가나로 발달하게 된다.
(강인선,「가나의 역사와 현황」,『한글』, 2015, 46;48쪽).

[그림 1] <만요문화관>

　만요문화관에는 만요슈가 만들어진 각 지역의 분포를 지도에 표시해 놓았는데, 일본 동북지방부터 큐슈지방에 이르기까지 매우 광범위하며, 이 가운데 만요시대(6-8세기)의 중심지가 나라[奈良]였기 때문에 나라에서 지은 노래가 가장 많다.

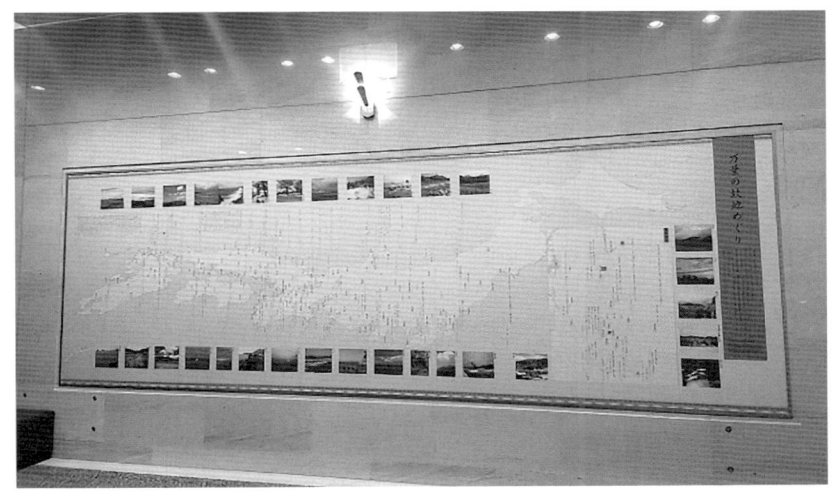

[그림 2] <만요슈 분포지>

만요슈 작자의 계층과 신분이 역대 천황과 황족, 귀족, 하급병사에서 일반 민중까지 다양했는데 일부 작자는 현대에도 이름이 알려져 있지만, 절반이상의 많은 작품들은 작자미상으로 남아있다. 그 주제 또한 천황의 행차와 궁중 행사, 귀족들의 연회나 여행 등에서도 시를 짓고, 일본의 전설이나 중국문학을 소재로 노래를 짓기도 하였다. 이처럼 만요슈는 당시 일본인 삶의 일부로 자리하여, 다양한 계층의 사람들이 저마다의 주제를 가지고 일상적으로 자주 불렸던 것으로 추정된다.

만요슈의 대표적인 3대 주제로 '조우가[雜歌:잡가]', '소우몬[相聞:상문]', '반카[挽歌:만가]'가 있는데 조우가는 공적인 특징을 가진 궁궐과 관계된 노래, 여행 중에 읊은 노래, 자연이나 사계절을 찬미한 노래이고, 소우몬은 남녀의 사랑을 읊는 문답 형식의 노래이며, 또 반카는 죽은 사람을 애도하고 추모하는 노래이다. 특히 어느 시대와 국가를 막론하고 '사랑'에 관한 주제는 사람들의 삶에서 빠질 수 없는 요소이고, 또한 문학에서도 등장하지 않는 경우가 드물다. 와카에서 가장 중요한 테마 중의 하나도 사랑이고,[4] 일본 문학의 한 형태인 모노가타리[物語][5]에서도 '사랑'의 미학은 다채로운 언어 표현으로 나타난다.[6] 일본의 헤이안 시대의 모

---

4   유옥희, 「와카에 나타난 사랑의 수사(修辭)와 그 미학」, 『젠더와 문화』 제4권 1호, 2011, 231쪽.

5   저자가 보고 들은 것이나 또는 상상에 기초하여 인물이나 사건에 대해 서술한 산문 문학 작품이다. (作者の見聞や想像をもとに、人物・事件について語る形式で叙述した散文の文学作品) 좁은 의미에서는 헤이안 시대에서 무로마치 시대에 만들어진 그러한 산문 문학 작품을 말한다. (広辞苑第五版 p.2652【物語】 위키백과를 참고였으며, 또한 이야기꾼이 듣는 사람을 상대로 이야기를 해주는 형식으로 진행되는 문학이라고 설명하였다. (무라사끼 시끼부 지음/이승웅 옮김, 『겐지모노가따리 (제1권)』, 다산글방, 2020, 8쪽.)

6   김태영, 「헤이안 시대 연애담에 나타난 와카의 기능—가덕의 요소를 지닌 이야기를 중심으로—」, 『日本學研究』, 2020, 96쪽.

노가타리 문학은 와카를 포함하고 있는데, 와카는 인물들의 조형이나 내적 정서 표현에 관여하고 있다.[7] 이번 한자문명로드에서는 모노가타리의 작품 가운데 하나인 겐지모노가타리를 테마로한 박물관(源氏物語ミュージアム)도 참관할 수 있었다.

2. 두 번째 만남 '겐지모노가타리[源氏物語]'

[그림 3] <겐지모노카타리 박물관 외부전경>
京都府宇治市(교토 우지 시) 위치

겐지모노가타리[源氏物語]에서 모노가타리는 모노(物)를 가타루(語)하다는 의미로 이는 번역 시, 겐지이야기로 많이 알려졌지만, 그것은 모노가타리에 대한 넓은 의미의 해석이며, 정확하게 는 헤이안시대부터 가마쿠라시대까지 창작된 일본의 산문 픽션 형식을 의미한다.[8]

---

7   위의 논문.
8   영남일보: 무라사키 시키부의 '겐지모노가타리'…시대에 맞는 번역으로 고전은 다시 태어난

겐지모노가타리는 11세기 초 무라사키 시키부(紫式部)[9]라는 여성 작가가 창작한 일본의 대표적인 장편 문학 소설이다. 겐지모노가타리는 일본 가나(仮名) 문자의 탄생이 가져온 혁명적인 작품이다. 가나의 탄생으로 궁궐이라는 권력층의 살롱에서 여성이 쓴 '뇨보[女房] 문학' 시대가 열렸다. 기존에는 한자를 사용하는 남성 귀족 중심의 예술 세계였으나, 가나가 나오면서 여성이 예술의 전면에 부각된 것이다.[10]

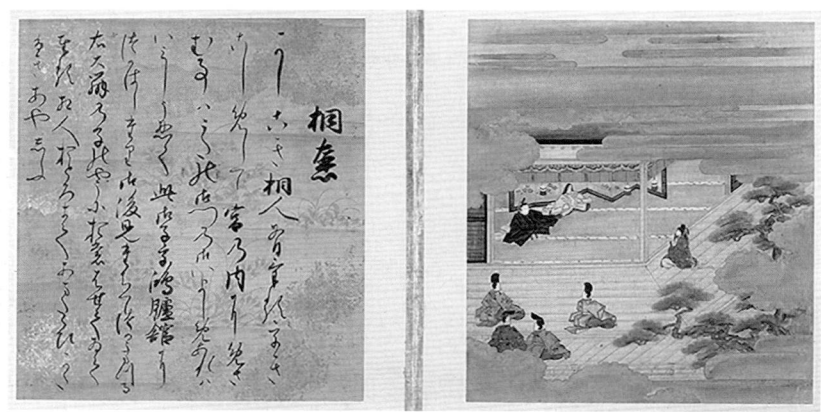

[그림 4] 제1첩 「桐壺」, <겐지모노가타리 화첩>, 에도시대 17세기 (국립중앙박물관)

다, 2022.04.15, 조헌구 교수 기고.

9 저자가 누구인지에 대한 논란은 여전히 존재한다. 처음으로 저자 논란에 불을 붙인 이는 근대 여성 문인으로 '겐지 이야기'를 구어(입말)판으로 출간한 요사노 아키코(与謝野晶子, 1878~1942)다. 아키코는 겐지 이야기의 후편 등을 무라사키 시키부의 딸 다이 니노 산미(大弐三位, Daini no Sanmi,999~1082)가 썼다고 주장했다. 이밖에 무수히 많은 학자들이 저자를 추적하고 있으나 아직까지 무라사키 시키부를 뒤엎는 연구는 나오지 않고 있다. 출처 : 무라사키 시키부, 일본인 最愛, 세계 最古를 다투는 소설 겐지 이야기(源氏物語)에 궁중의 내밀한 암투를 담다. (핀포인트뉴스, https://www.pinpointnews.co.kr)

10 위의 기사.

소설의 중심 내용은 헤이안 시대(平安時代, 794~1185) 궁정(宮廷)을 배경으로 하여 주인공 히카루 겐지(光源氏)라는 귀족 남성의 파란만장한 일대기를 이야기한 작품이다.[11] 겐지모노가타리는 총 54권, 200자 원고지 약 4800장 분량으로 400명이 넘는 인물이 등장[12]하는데, 일본 문화를 바탕으로 재해석 및 연구가 거듭되어 겐가쿠[源學]가 발달했다고 한다. 하지만 원본은 전하지 않고, 1008년 문헌에 처음 등장한다. 판본은 무수히 많은데, 가장 오래된 것은 13세기 초의 후지와라노 데이카(藤原定家, 1162-1241, 가마쿠라 시대 궁정 귀족이자 가인, 歌人) 판본이다. 이 판본은 795수의 와카와 에마키(繪卷, 그림 두루마리)도 함께 한다. 현재 대부분의 판본에는 '겐지 이야기(源氏物語)'라는 제목이 없다. 겐지 이야기(겐지 모노가타리)는 후대에 통칭적으로 부르는 것이다. 원래는 제목이 없었다는 뜻이다. 전체 제목은 없지만, 각 첩(장) 별로 제목이 적혀 있다.

옛 사본과 주석서 등의 문헌에 나와 있는 명칭은 '겐지의 이야기(源氏の物語)', '히카루겐지 이야기(光源氏の物語)', '빛나는 겐지 이야기(光る源氏の物語)', '히카루겐지(光源氏)', '겐씨(源氏)', '겐지의 왕자(源氏の君)' 등이다. 또 '무라사키 이야기(紫の物語)', '무라사키의 유카(紫のゆか)', '무라사키의 인연 이야기(紫のゆかりの物語)' 등으로도 쓰여 있다. 이밖에 '겐코(源語)', '시뿐(紫文)', '시시(紫史)' 등 한자 조합 제목도 있다.[13]

겐지모노가타리는 소설이지만 실화와 같이 시간, 장소, 인물의 심리 등에 관한 묘사가 매우 섬세하게 표현되어 있다. 그로 인해 일본 실존 인

---

11 한국 국립중앙박물관〉큐레이터 추천 소장품〉겐지모노가타리 화첩 https://www.museum.go.kr/site/main/relic/recommend/v.ew?relicRecommendId=140601
12 무라사키 시키부/유정 옮김,『겐지이야기II』, 동서문화사, 2015, 1429쪽.
13 주석 9의 기사 재인용.

물 가운데 겐지의 실제 모델이 누군가에 대한 추측이 이어지고 있는데, 가장 유력한 인물은 사가천황(嵯峨天皇)¹⁴의 아들 미나모토노 토우로(源融, 822-895)이다. 그의 별장이 우지(宇治)에 위치한 뵤도인(平等院)이다. 겐지모노가타리에서 우지10첩(宇治十帖)의 배경이라 추측하고 있다.¹⁵

[그림 5] <뵤도인(平等院)>   [그림 6] <10엔 동전>

겐지모노가타리를 통해 헤이안 시대 궁정 생활의 모습과 귀족들의 삶을 엿볼 수 있다. 그러나 겉으로는 화려해 보이는 궁정 생활에는 권력 투쟁, 부조리한 현실 그리고 인간의 고뇌와 슬픔 등은 현대와 다르지 않다. 그렇기에 현대인의 시선으로 읽는 고전 소설이라 할지라도 현재와 더불어 미래를 살아갈 우리에게 삶을 돌아보게 하고, 깊은 여운을 남기는 작품이다.

또 한 가지 흥미로운 것은 작품 속에서 헤이안 시대는 우리의 문화가 수용¹⁶되었음을 알 수 있는 대목이 나타나는데, 천황이 겐지를 고려인 관

---

14 헤이안 시대 초기의 제52대 천황.
15 주석 12의 책, 1436쪽.
16 무라사끼 시끼부 지음/이승웅 옮김,『겐지모노가따리 (제1권)』, 다산글방, 2020, 15쪽.

상가에게 관상을 보게 하는 장면, 그리고 고려 종이와 고려 피리 등도 등장한다. 이 외에도 당시 궁중 행사를 비롯하여 개인의 병 치료에서 장례에 이르기까지 불교가 차지했던 비중을 알 수 있으며, 이러한 면모는 현대의 일본에도 고스란히 남겨져 있다. 또 학질에 걸린 겐지에게 수행승이 제웅[17]을 만들어서 학질을 그것에 옮겨놓고 기도를 올리는 민간 풍습의 모습이라던가 해몽가의 등장, 생령(生靈: 산 사람의 영혼), 모노노케(もののけ)[18] 등도 당시 사람들의 생활방식과 생각을 엿볼 수 있는 흥미로운 요소였다. 2011년에 개봉된 영화판 겐지모노가타리 천년의 수수께끼(源氏物語 千年の謎)에서도 생령(生靈)이 등장한다.

그 외에도 소설 작품 속에는 과거나 현재에도 변함없는 화두인 사람 간의 인연(因緣)과 인생무상에 대해 전반적으로 다루고 있다. 다음에 그러한 내용 중 일부를 소개하였다.

> [1] 처음부터 기이한 인연으로 일이 그렇게 되었사오니, 모든 게 꿈만 같고 현실 같지 않다고 말씀하셨어요……이렇게 된 것도 전생의 인연이다 싶은 게 안타깝기도 하고 원망스럽기도 하였느니라, 덧없이 짧은 인연이었는데 어쩌면 그리도 애틋한 마음으로 사랑할 수 있었는지. (박꽃 편, 117쪽)[19]

> [2] 무슨 인연으로 이런 말세(末世)에 탄생하셔서 사람으로서 까다로운 속박과 간섭을 받으셔야 하나 생각하면 슬프기 그지없는

---

17 짚으로 만든 사람의 형상. (두산백과 두피디아)
18 사람을 괴롭히는 사령(死靈)·원령(怨靈), 귀신. (엣센스 일한사전, 민중서림)
19 인용문 출처: 무라사키 시키부/유정 옮김, 『겐지이야기Ⅱ』, 동서문화사, 2015.

걸. (어린 무라사키 편, 142쪽)

[3] 전생에 무슨 인연이 있었는지……이 세상의 인연만이 아니라 전생에 무슨 약속이 있었던 듯싶습니다. (어린 무라사키 편, 151쪽)

[4] 전생에서 인연이 어쨌기에 이승에서 이렇게 사이가 막힐까. 통 알 수가 없군. (단풍놀이 편, 202쪽)

겐지모노가타리는 다른 모노가타리 작품에 비해 많은 수(총795수)의 와카를 포함하고 있다. 와카는 연애 과정에서 남녀의 대화 형식을 대변하는 것이고, 작품의 쓰여 질 당시의 남녀 연애 생활의 양상을 보여 주는 자료인 동시에, 와카를 포함한 작품 전체를 이해하는 중요한 키워드를 제공해 준다.[20] 실제로 작품을 읽어보면 남녀가 주고받는 와카의 내용이 절절하게 와닿으며, 이를 현대의 대화체로 옮긴다면 오히려 독자에게 전해지는 애절함이나 감성이 덜할 것이다. 아래는 겐지모노가타리에서 사랑과 인생을 노래한 와카의 일부[21]이다.

[1] 소식 한 장 없음을 어인 일이냐 묻지도 않는 당신
허망하게 흘러가는 세월에 어찌나 마음이 어지러운지
눈물로 지새는 나 (박꽃 편, 120쪽)

[2] 다시 만날 그날까지 그대 유품이라 여기고 바라보며 지내는

---

20 주석 6의 논문 96쪽, 108쪽.
21 주석 16의 책.

동안 내 눈물에 이 소맷자락마저 썩어버리고 말았구려 (박꽃 편, 124쪽)

    이러한 와카는 고대에 향유되어 고전문학에서만 찾을 수 있으리라 생각했다. 그런데 흥미로운 것은 현대에도 종종 와카를 만날 수 있는 문화적 요소가 있었다. 바로 향 문화인데, 겐지 이야기에는 향을 제작하고 향으로 겨루고 즐기는 귀족들의 다양한 향 생활에 대한 자세한 묘사가 나타난다. 나라 시대의 향은 불교 의식이나 궁중 행사 시 옷의 훈향이나 방향으로 사용되었으며, 헤이안 시대에 이르러서는 점차 중국 문화를 기초로 향 사용에 독특한 미적 관념을 형성하였다. 현대 일본 향도의 형성은 에도 시대에 정식으로 확립되었다. 조향(組香)이란 향도 활동이 있었는데, 이는 여러 가지 향목이나 향을 결합해 고전문학과 사계절의 풍경과 뜻을 규칙에 따라 표현하고 조향을 알아맞히어 승부를 가르는 것이다. 이로써 후각을 겨루고 학술과 수양의 기량을 겨루는 향회의 한 형태이다. 향도 활동은 시대와 경제의 발전을 따라서 귀족문화로부터 무사문화, 대중문화, 오락문화의 변화를 가져왔다.[22]

    히야시 마사키씨는 일본에서 20년동안 향도를 해온 사람이다. 향 문화는 상류층의 전유물로 향 문화의 표현에는 시적인 요소가 많다고 한다. 그래서 향을 '맡는다'는 표현이 아닌 '듣는다'고 표현한다. 같은 침향이라도 부위에 따라 향이 다르고 그날 날씨와 컨디션에 따라 똑같은 향도 다르게 느낄 수 있기에 '마음을 열고 섬세하게 귀 기울여 듣는다'고 말한다. 히야시 마사키씨는 준비 과정에서 미리 헤이안 시대의 와카를 선정하고

---

22   불교신문:귀족의 사치품에서 대중의 '향도'로, 2023.08.03, http://www.ibulgyo.com

해당 테마에 맞는 침향으로 선정하여 향도회를 꾸린다. 그리고 향 놀이를 마치면 '기록지'를 적는데 그날 시간과 테마를 포함해서 참석자 등 모든 것을 기록한다. 이를 이치고이치에(一期一會) 즉 '일생에 한 번뿐인 인연과 만남'이라는데 큰 의미를 둔다고 하였다.[23] 이처럼 와카는 현대에도 다른 문화와 접목되어 사람들의 정서를 움직이는 요소로 존재하는 듯하다.

겐지모노가타리는 세계 20개 이상의 언어로 번역됐다. 영어로는 1882년 언론인이자 번역가인 스에마츠 겐초(末松謙澄, 1855-1920, 이토 히로부미 사위)가 처음으로 'The Tale of Genji'로 영역했다. 하지만 유럽에 폭넓게 알려진 것은 영국의 동양학자 아서 데이비드 웰리(Arthur David Waley, 1889-1966, 본명 Arthur David Schlos) 덕분이다. 아서 웰리는 1925-1933년에 'The Tale of Genji, by Lady Murasaki'라는 제목의 완역본을 내놓았다. 이 책에 대한 버지니아 울프(Virginia Woolf, 1882-1941)의 서평이 보그 영국판인 'British Vogue'에 실려 있으며, 노벨 연구소 선정 '최고의 책'에 들어가 있다.[24]

그야말로 세상은 아는 만큼 보인다는 사실을 다시 한번 느끼는 시간이었다. 일본은 가까이 위치한 이웃 나라였지만, 어떤 문화적 요소로도 눈길을 끌 수 없었던 지난 시간이 무색할 만큼 며칠의 한자문명로드 답사 시간 속에서 일본의 문학과 관련 전시관을 통해 일본과 일본 문화를 새롭게 마주하고 관심의 눈을 뜨게 되었다.

본 답사문을 읽은 독자가 일본 여행길에 올랐을 때, 내가 만난 만요슈와 겐지모노가타리를 찾아 일본 문화를 새로이 마주하고, 두 배의 즐거움을 선사하는 멋진 여행이 될 수 있길 바라본다.

---

23   Noblesse 잡지, 2024년. 2월호.
24   주석 8의 기사 재인용.

참고문헌

1. 저서

무라사키 시키부/유정 옮김, 『겐지이야기Ⅱ』, 동서문화사. 2015.
무라사끼 시끼부 지음/이승웅 옮김, 『겐지모노가따리 (제1권)』, 다산글방, 2020.

2. 일반논문

강인선, 「가나의 역사와 현황」, 『한글』, 2015.
김태영, 「헤이안 시대 연애담에 나타난 와카의 기능—가덕의 요소를 지닌 이야기를 중심으로—」, 『日本學硏究』, 2020.
유옥희, 「와카에 나타난 사랑의 수사(修辭)와 그 미학」, 『젠더와 문화 제4권 1호』, 2011.

3. 기타

만요문화관(万葉文化館) https://www.manyo.jp/kr/manyo-shu/
불교신문: 귀족의 사치품에서 대중의 '향도'로, 2023.08.03, http://www.ibulgyo.com
영남일보: 무라사키 시키부의 '겐지모노가타리'…시대어 맞는 번역으로 고전은 다시 태어난다, 2022.04.15, 조헌구 교수 기고.
핀포인트뉴스: 무라사키 시키부, 일본인 最愛, 세계 最古를 다투는 소설 겐지 이야기(源氏物語)에 궁중의 내밀한 암투를 담다, https://www.pinpointnews.co.kr
한국 국립중앙박물관: 겐지모노가타리 화첩 https://www.museum.go.kr/site/main/relic/recommend/view?relicRecommendId=140601

2

일본 교토에서 만난 한자와 한자 교육
: 한검한자박물관·도서관 방문

김시현

1. 들어가며

우리가 흔히 일본을 가리켜 가깝고도 먼 나라라고 부른다. 필자에게 있어서 일본은 정말 이 말이 공감되는 나라였다. 지리적으로 가깝고 무비자로 언제든지 방문이 자유로워서 마음만 먹으면 언제든지 갈 수 있는 나라, 그러나 심리적 거리가 먼 나라여서 그런지, 일본 방문을 실행으로 옮기는 것은 쉽지 않았다. 필자의 경우, '한자의 발자취를 따라'라는 주제로 진행된 동아시아 한자문명로드 일본편 답사 참여를 통해 한없이 멀게만 느껴졌던 일본이란 나라와 문화 그리고 일본인의 언어를 조금이나마 이해할 수 있었다. 사실 필자는 중국어 전공 학도로서 다년간 중국에서 유학 생활을 하면서 다수의 일본인들과 교류하고 함께 공부를 한 적이 있다. 그 당시 중국어를 빨리 익히고 싶었으나 한자의 장벽이 너무 높게 느껴졌던 필자의 눈에 한자가 능숙한 일본인들의 모습이 너무나 신기하고 부러웠던 것으로 기억된다. 일본인들은 한자에 대한 이해와 습득이 한국인들보다 훨씬 빨랐다. 중국어 학습에 있어서 한국인들은 일반적으로 일본인들보다 회화 능력이 뛰어난 편이었는데, 특히 한국인들의 발음이 일본인들보다 더욱 정확한 편이라 중국인과의 소통이 원활한 경우를 많이 보았다. 반면에 일본인들은 독해나 쓰기에서 한국인들보다 월등하게 뛰어났다. 일본인들은 상당히 복잡한 한자도 잘 썼으며, 작문 실력이 뛰어나 고급스러운 문장 표현도 훨씬 매끄럽게 잘 완성하였다. 그래서 필자의 마음 한 편에는 일본인들의 중국어 작문 실력이 부러웠고, 그들의 한자 교육이 궁금했었던 것으로 기억된다. 지금 돌이켜보니 중국에서 만난 일본인들의 영향으로 일본에 언젠가는 가보리라는 생각을 하고 있었지만, 실행으로 옮기지는 못했던 것 같다. 이번 답사에서 한검한자박물관·도서관 방문은 일본인들의 한자 교육을 직접 살펴보고 좀 더 자세히 알아가는 소중한 시간이 되었는데, 지난 방문을 돌이키며 이 글을 본격적으로 시작해 보려고 한다.

2. 일본 한검한자박물관·도서관에서 만난 한자

한검한자박물관·도서관(이하 한검한자박물관으로 표기)은 일본 교토부 기온에 위치하고 있으며, 일본에서 최초로 한자 교육을 목적으로 2016년 6월 정식 개관된 박물관 및 도서관이다. 이곳은 일본의 한자 문화를 세계에 널리 알리고 체험 전시를 통해 한자의 기원과 역사를 배울 수 있도록 하는 체험형 박물관이다. 따라서 방문객들은, 일본인들의 실생활에서 한자 교육이 어떻게 보편화되어 있으며 한자의 위상이 어느 정도인지 직접 확인할 수 있다. 2층으로 된 비교적 낮은 건물의 외관과 달리, 한검한자박물관의 내부는 생각보다 큰 규모를 자랑하고 있었고, 1층과 2층은 각각 일본인들의 한자 교육 목적에 맞게 꾸며져 있었다.

1층은 "보고, 듣고, 만지고"의 주제로 꾸며진 테마 공간으로 학습 목적에 맞게 주로 한자의 시대별 역사에 대한 자세한 설명을 통해 학습할 수 있는 공간이었다. 1층의 학습 공간에 들어서자마자 『대한화사전(大漢和辭典)』에 수록된 10미터 높이의 대형 '한자 5만자 타워'와 '올해의 한자(今年の漢字)'가 방문객들을 맞이하고 있었다.[1]

[그림 1] '한자 5만자 타워'의 일부분

---

1 매년 12월에 '今年の漢字'를 발표하기 때문에, 2024년의 한자는 아직 발표 전이라 2023년에 선정된 한자가 전시되어 있었다. 아울러 본고에서 사용된 사진은 모두 필자가 이번 답사 기간 동안에 직접 찍은 사진임을 밝힌다.

그림1에서 보듯이, 이 50,000개의 한자를 색과 글자 크기에 따라 분류하고 있는데, 일본의 초등학생이 반드시 알아야 할 한자는 파란색으로 크게 표기하고, 상용한자의 경우는 노란색의 작은 글자로 표기하고 있다. 또한, 검정색의 작은 글자는 일반인에게는 비교적 생소한 한자를 표기하고 있다.

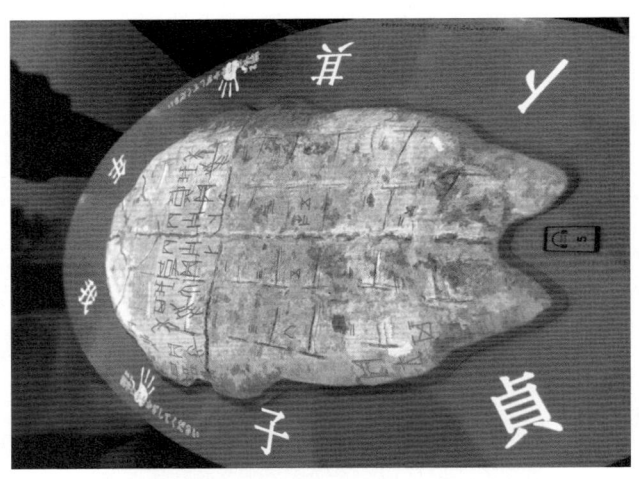

[그림 2] 갑골문에 새겨진 최초의 한자 자형

지면과 벽면을 활용하여 한자를 눈으로 보고, 손으로 직접 만지고 써 보면서 다양한 체험을 통해 한자에 대한 전반적인 이론적 지식을 익힐 수 있었다. 한자에 손을 대면 갑골문자로 모습을 바꾸어 주는 첨단 스크린 장치, 자신의 이름을 한자로 쓰고 만요가나 스탬프로 찍어보는 등 여러 가지 방법으로 한자의 역사적 변천 과정을 직접 살펴볼 수 있었다. 특히 벽면에 전체 길이 30미터의 한자의 역사를 두루마리식으로 기록하여 장관을 이루고 있었다. 한자의 기원인 중국으로부터 한국을 거쳐 일본에 전파되는 과정을 자세히 설명하고 있다. 또한 그 과정에서 일본 문자에 끼친 영향과 일본 문자가 어떻게 발전해 왔는지의 역사를 생생하게 보여주고 있다.

[그림 3] 한자의 역사

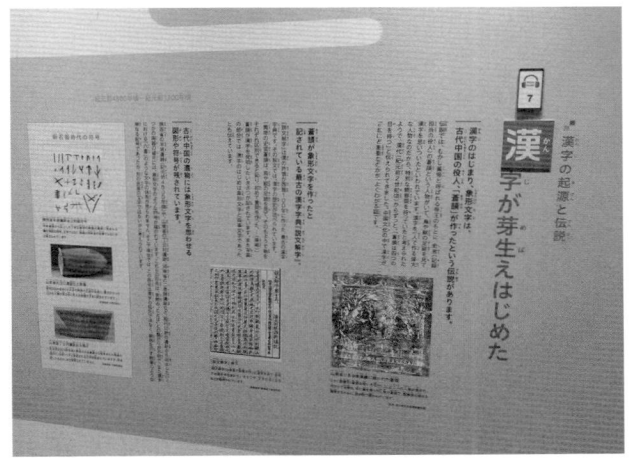

[그림 4] 벽면에 전시된 한자의 기원 설명

1층 안쪽에는 일본의 한자 교육 현황과 한자 시험에 대한 소개 및 학년별 수상자들의 작품을 전시하고 있었다. 이외에도 1층에는 한자를 상품화하여 판매하는 공간도 별도로 마련되어 있었다. 한자 어휘 카드, 한자 숙어를 공부하는 책자, 한자를 활용하여 만든 열쇠고리 등 한자를 활용하고 상품화하여 일상생활에서도 생활화하도록 하는 아이디어가 돋보였다.

[그림 5] 한검한자박물관에서 발행하는 각종 소식지

　2층은 "놀고, 즐기고 배우고"의 주제로 꾸며진 테마 공간으로 체험 목적에 맞게 주로 게임 활동을 하면서 한자를 자연스럽게 익히고 배울 수 있도록 마련된 학습 공간이었다.
　2층 곳곳에는 상형문자를 찾거나 카드를 조합하여 한자를 완성해야 하는 게임, 한자를 읽고 소리를 맞추는 게임, 몸으로 한자를 표현하고 사진을 찍어 기념하는 게임 등 다양한 게임 공간이 마련되어 있었다. 방문객들의 대부분이 일본인 학부모들과 자녀들이었는데, 부모가 아이를 데리고 와서 함께 게임을 하며 한자에 대해 설명해 주는 모습이 인상적이었다. 일본인들 또한 한자의 시작이 중국이며 문자가 없었던 일본에 전해져 일본 고유의 문자와 문화의 발전에 한자가 어떠한 역할을 하였는지 아이들에게 교육하였으며, 한자의 중요성을 강조하며 함께 한자 학습에 참여하는 모습을 볼 수 있었다.

[그림 6] 게임을 통해 한자를 익히고 있는 일본의 초등학생들

일본어에는 실제로 문자표기에 한자를 사용하기 때문에 일본어 교육에서 한자 교육이 상당히 중요하다는 것을 체감할 수 있었다. 2층 가장자리에 마련된 도서관에는 한자와 관련된 전문 서적들이 진열되어 있었고 책상과 의자까지 마련되어 있어 언제든지 앉아서 자료를 찾아볼 수 있었다.

[그림 7] 건물 2층에 마련된 도서관

이외에도 2층의 한쪽 공간에는 '올해의 한자전(今年の漢字展)'이라는 특별 전시가 진행되고 있었다. 1995년부터 매년 한 해를 대표할 수 있는 하나의 한자를 선정하여 발표하였다. 그곳에서 2023년 선정된 '올해의 한자' '税'가 2014년에 이미 올해의 한자로 선정되었던 것을 확인할 수 있었다. 2014년에 '税'자가 선정된 것은 소비 세율이 인상되어 그 한 해 이슈가 되었기 때문이며, 2023년에는 증세, 소득세 등 세금과 관련된 주제들이 대거 화제가 되었기 때문으로 보인다. 이처럼 올해의 한자로 선정된 한자는 그 당시 일본 사회와 문화의 동향을 비춰주는 거울이 되기도 한다.

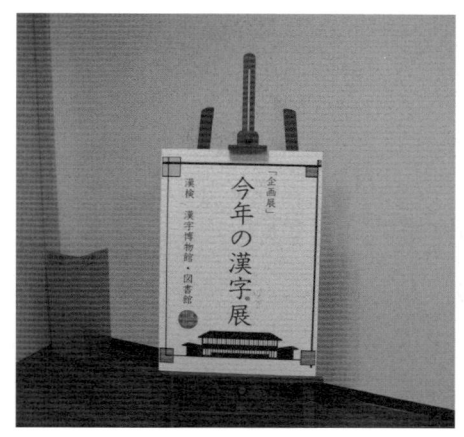

[그림 8] '올해의 한자전'에 전시된 '稅'자

[그림 9] 2023년 선정된 한자: 1위 '稅'에서 20위 '幸'까지

3. 일본인들의 한자 교육

중국, 한국, 일본은 흔히 한자문화권이라고 불린다. 또한 중국에서 탄생한 한자가 일본에 전해진 것은 한반도를 통해서 전래되었다고 전해진

다. 최초로 한적(漢籍)이 전해진 것은 백제 근초고왕 시기(재위 346-375)에 박사 왕인(王仁)이 천자문(千字文)과 논어(論語)를 가지고 간 것을 시초로 보는데, 이를 통해 볼 때 약 5세기경 이래에는 한자와 한자어가 일본에 수용되고 확산되었을 것으로 추정할 수 있다.[2] 훗날 일본은 7세기부터 일본어를 표기하기 위해 새로운 문자 체계인 가나 문자를 탄생시켰고, 만요가나(万葉仮名)부터 가타카나(片仮名)와 히라가나(平仮名)를 만들어 냈다.[3] 오늘날 일본어는 가타카나와 히라가나뿐만 아니라 한자를 함께 혼용한다.

일본의 경우 한국과 달리 일상생활에서 한자를 읽고, 말하고, 써야 한다. 일본어 문자 자체에 한자가 쓰이기 때문에 일본인들에게 한자 교육은 필수적인 교육 과정이다. 따라서, 한자 교육은 어릴 때부터 받아야 하는 의무교육으로 초등학생들도 의무적으로 한자 교육을 받아야 한다.

실제로 일본에서는 초등학교 1학년부터 학년별로 학습해야 할 한자를 교과 과정에 편성하여 지도하고 있다. 이는 일본어 어휘에서 한자로 표기할 수 있는 어휘가 많아 한자 교육이 곧 어휘 교육이라는 생각이 강하기 때문이다.[4] 일본의 초등학생들이 배우는 한자는 일상생활에서 자주 사용되는 상용한자를 배우도록 교육되고 있다. 또한 일본에서는 '칸켄(漢檢)'이라고 불리는 일본한자능력검정 등의 자격시험을 통해 한자 교육에 적극적으로 참여하도록 동기를 부여한다. 令和四年(서기 2022년) 일본한자

---

2   도재학, 허인영, 「유형이의(類形異義) 관계의 설정과 어휘 대조 연구」, ≪아시아문화연구≫ 제43집, 2017.84.

3   총연림, 『근대 이후 한국.일본.베트남의 탈한자화 논쟁 및 한자교육』, 한국학중앙연구원 한국학대학원 박사학위논문, 2021.80.

4   송영빈, 「일본에서의 한자 교육-초등학교를 중심으로」, ≪국어교육학연구≫ 제40집, 2011.276.

능력검정시험의 성적우수자를 다음과 같이 발표하고 있다.

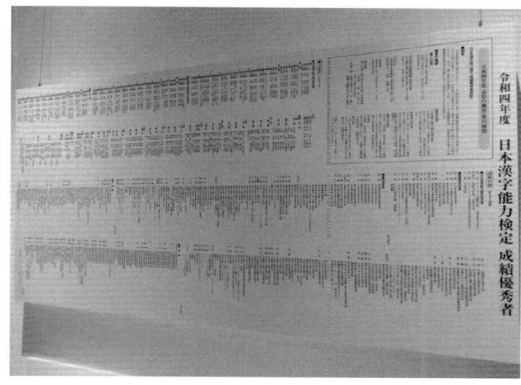

[그림 10] 2022년도 일본한자능력검정 성적우수자

일본인들은 어렸을 때부터 상용한자를 반복적으로 익혀 일상생활에서 쓰이는 기초적인 한자에 대한 학습이 상당히 뛰어난 편이다. 그러나 상용되지 않은 한자라면 일본인들 사이에서도 쓰지 못하는 경우가 빈번하고 심지어 읽지도 못하는 경우가 있다. 따라서 일부 일본인들은 상용한자 이외에도 비상용 한자에 대한 학습이 필요하며, 단편적인 한자 역사를 넘어서 한자의 어원 등의 심화 교육이 필요하다고 말한다. 그러나 일본에서의 한자에 대한 일본인들의 인식과 교육 열정은 우리가 마땅히 본받아야 할 부분이라고 생각된다.

4. 한국인들의 한자 교육

1880년 이전, 일상생활에서 한자는 지식인들이 주로 사용하고, 일반인들은 언문인 한글을 주로 사용하다가 이후 국한문 혼용 및 한글 전용의 주장이 등장했었다.[5] 이후, 1945년에 초중등 교육에서의 한글 전용 실시를 원칙으로 삼은 어문 정책이 정해짐에 따라 교과서를 편찬할 때 한글만을 사용하고, 한자는 주로 과도기적으로 실생활과 관련지어 사용을 허용하는 방안이 논의되었는데, 이후 1948년에 '한글 전용에 관한 법률'이 공포되는 것으로 이어지고 한국 어문 정책의 원칙이 되었다.[6] 이처럼 한국에서는 국가 차원의 어문 정책에 따라 한자 교육이 공교육에 등장했다가 사라지기를 반복했다. 지금까지도 한글과 한자 사용에 대한 논의는 끊임없이 이어져 오고 있다. 이러한 한글 전용 정책과 한자 폐지 정책이 되풀이되는 과정속에서 한자 사용에 대한 일반인들의 부정적 인식 또한 커져버린 것이 사실이다. 심지어 한자 사용에 대해 친중국, 권력 상징, 지식인들의 전유물 등의 표현을 쓰면서 거부 반응을 보이는 경우도 있다. 그러나 우리가 사용하는 한국어 어휘 중 한자어가 절반을 훌쩍 넘는다. 우리가 분명히 직시해야 할 문제는 한자 교육의 결핍과 국어 속에 존재하는 한자어에 대한 잘못된 인식이 한자어가 중국어 또는 일본어의 잔재라고 생각하는 그릇된 사고방식뿐만 아니라, 문해력 논란까지 일도록 하고 있다는 것이다. 한국에서는 이제 더 이상 한자 교육이 단순히 한자를 읽고 쓰는 국문 능력 배양이 아닌 사회적 문제가 되었다. '금일(今日)'을 금요일로 이해하거나, '심심(甚深)한 사과 말씀' 등에서 사과를 왜 심심하게 하느냐는 반응을 보이는 사람들의 예는 이미 논란이 된지 오래다. 심지어 잘못된 한자어 사용의 예는 일반인들의 문제를 넘어 정확한 정보를 전달

---

5 김영옥, 「어문 정책에 따른 漢字敎育 정책 변천 과정 연구」, ≪동아한학연구≫ 제18집, 2024.142.

6 김영옥, 앞의 논문, 153-155쪽.

해야 하는 신문 기사나 뉴스에서도 보인다. 다음 예를 보자.[7]

　　2022년 7월 9일의 한 통신사 기사: 9일 일본 주간지 '슈칸분슌'에 따르면 유년시절 아베 전 총리를 피격한 용의자 야마가미 데쓰야(41)를 기억하는 주민 한 명은 야마가미가 당시 아직 아장아장 걷는 여동생이 있다면서 가정은 유화적인 분위기였다고 전했다.

"전 총리를 '총격(銃擊)'한 용의자"라고 써야 하는데, 용의자가 총을 맞은 것처럼 '피격(被擊)한 용의자'라고 써서 문제가 되었다.

　　2010년 8월 24일: 한편, 오는 8월 11일 첫방송될 SBS 새 수목 드라마 '내 여자친구는 구미호'는 사랑스러운 구미호 역 신민아와 액션 배우 지망생 차대풍 역의 간 떨리는 동거동락을 그린 코믹작이다. (경향닷컴)

'동고동락(同苦同樂)'을 '동거동락'이라고 잘못 썼다.

　　2013년 11월 15일: 한국 방송의 간판 프로인 KBS-TV의 9시 뉴스에서 초보적인 문법 잘못이 바로잡히지 않은 채 이어졌다. 자막(字幕)으로 "스노든 유출 기밀문서 최대 20만 건"이란 뉴스가 반복적으로 나타났다.

---

[7]　조갑제 TV: https://www.youtube.com/watch?v=ylUWGX0BuiA
　　월간조선 뉴스룸: https://monthly.chosun.com/client/news/viw.asp?ctcd=C&nNewsNumb=202209100029#google_vignette
　　본고에서 인용된 신문 기사나 뉴스의 내용, 그리고 관련 해설은 위의 조갑제 TV와 월간조선에서 발췌한 내용이다.

20만 건은 크기가 아니고 양이므로 '최다(最多)'라고 해야 한다. 최고, 최다, 최대, 최장 등 모두 한자어인데 이들이 구분되지 못하고 쓰이고 있고, 잘못 쓰이더라도 그냥 넘기는 분위기가 한국 사회 곳곳에 만연해 있다.

이번 개각은 국무총리를 비롯해 최대 10개 부처 장관을 대상으로 하는 대폭이 될 것으로 알려져 이명박 정부 들어 가장 큰 규모가 될 것으로 보인다. (연합뉴스)

'최대 10개 부처'라는 말은 잘못된 것으로, 기자가 '크다'와 '많다'를 구분하지 못하고 있다.

이처럼 비문을 쓰는 예는 무수히 많은데, 한자를 잘못 알고 쓰는 경우가 습관적으로 반복되다 보니, 이제 한국은 문해력(literacy)이 가장 높은 나라가 되었다고까지 부르짖는다. 한글과 한자의 병행 표기와 한자 교육을 해야 한다는 우려의 목소리가 끊임없이 나오고 있다. 한국에서는 입말로 한자어를 물 마시듯이 수시로 사용하고 있지만 우리가 사용하는 어휘들이 한자어인지 아닌지 생각해 보거나 그 정확한 의미에 대해 고민하는 사람은 정작 그다지 많지 않다.

대한민국 국민이라면 '한문 교육용 기초한자 1,800자'라는 말을 들어보았을 것이다. 대한민국 교육부가 1972년 처음 발표하고 2000년에 개정하여 발표한 중고등학교 한문 교육용 기초 한자 1,800개를 말한다.[8] 사실 한자는 한문을 이해하기 위한 한문 교육 교과에만 국한되는 것이 아

---

8   위키백과: https://ko.wikipedia.org/wiki/대한민국_중고등학교_기초한자_목록

니라 우리말의 일부이기 때문에 한국인들의 국어능력으로까지 직결된다. 한자를 병기하면 한글만을 사용할 때보다 더 정확한 의미를 전달할 수 있다. 한자어를 한글로만 알려줄 경우, 전체 의미를 이해하도록 하면 한글 표기어를 음절 덩어리로 인식하여 '집합적 인지(忍智)'에 의존하게 되지만, 한자 음훈(音訓)으로 알려주면 분해적 인지가 가능하여 한글전용 방식보다 정확히 개념어를 습득하게 된다.[9] 한자 학습을 통해 그 개념을 정확히 인지하고 기억할 수 있기 때문에 우리도 기본적인 기초한자에 대한 교육은 꼭 필요하다고 볼 수 있다. 한자 교육에 대한 필요성은 일찍이 한국 국민 여론조사(2005년 4천여명을 대상)에서도 보인다. 한국 국민의 87%가 초등 한자 교육뿐만 아니라 조기 한자 교육을 지지하는 것으로 나타났다.[10] 이처럼 한국인들 또한 한자 교육의 필요성과 중요성을 인지하고 있지만 실상 우리의 생활에서 한자 교육은 아직도 활성화되지 못하고 있는 것이 현실이다.

 2016년 4월, 경제협력개발기구(OECD)는 '문장 이해력과 수치(數値) 이해력이 낮은 어른들'에 대한 조사 보고서를 냈다. 이 보고서는 2012년 이 기관이 실시한 '성인 경쟁력에 대한 국제 조사(PIAAC)' 결과를 토대로 문해력의 영향을 더욱 심층적으로 분석, 연구한 것이다. 문해력(文解力), 수치력(數値力), 그리고 컴퓨터를 사용한 기술적 문제해결 능력의 세 조사 항목에서 일본은 3관왕을 차지하였다. 한국은 문해력에서 국제 평균치보다 낮은 10등, 수치력에서 평균치보다 낮은 15등, 컴퓨터에 의한 문제해결

---

9 민현식, 「國語敎育 政策 改善을 통한 漢字語 敎育 强化 方案」, ≪語文硏究≫ 제37집, 2009.455.

10 민현식, 위의 논문, 446쪽.

능력에서 평균치와 같은 점수로 7등이었다. 한국인(16~65세)의 특징은 고급 문해력이 약하다는 것이며, 한글 전용으로 문맹자는 거의 없어졌지만 한자를 포기함으로써 '읽을 순 있지만 이해가 안되는' 신종 문맹자가 생겼다는 것으로 이해된다고 전했다.[11] 이를 통해 볼 때, 국어능력의 기초인 어휘력 확장을 위해서 한자 교육이 필요한 것은 분명해 보인다.

5. 나오며

한국과 일본은 모두 한자문화권에 속하지만, 한자 교육 방식과 그에 대한 인식은 매우 다르다는 것을 알 수 있었다. 한국과 일본의 한자 교육이 큰 차이를 보이는 이유에 대해 정리해 보면 다음과 같다.

첫 번째, 교육 체계의 차이를 들 수 있다. 일본에서는 한자 교육이 필수적이고 체계적으로 진행되며, 어린 시절부터 한자를 익히는 것이 당연시된다. 일본의 한자 교육은 초등학교에서부터 시작되어 학년마다 학습해야 할 한자 목록이 정해져 있으며, 이를 통해 학생들은 자연스럽게 한자에 익숙해진다. 이에 비해 한국에서는 한자 사용에 대한 부정적 인식이 일부 존재하며, 한자 교육이 학교에서 충분히 이루어지지 않고 있어 한자 학습이 선택 과목으로 분류되거나 학원에서 이루어지는 경우가 많다.

두 번째, 문화적 인식의 차이를 들 수 있다. 일본에서는 한자가 일본어의 중요한 부분으로 인식되며, 이를 통해 언어적 정체성을 유지하고자

---

11 본 보고서의 내용은 아래의 인터넷 자료를 참고하였음을 밝힌다.
    월간조선 뉴스룸: https://monthly.chosun.com/client/news/viw.asp?ctcd=A&nNewsNumb=201909100025
    조갑제닷컴: https://www.chogabje.com/board/view.asp?C_IDX=67162&C_CC=BB

한다. 반면 한국에서는 한자를 중국 문화의 잔재로 여기는 경향이 있어, 한자 사용을 꺼려하는 경우가 많다.

세 번째, 정책적 차이를 들 수 있다. 일본은 한자 교육을 장려하고 체계적으로 지원하는 반면, 한국은 한글 전용 정책을 통해 한자 사용을 줄이고 한글을 강조하는 정책을 추진해 왔다.

이번 한검한자박물관 방문을 통해 일본에서의 한자 교육의 중요성과 체계성을 확인할 수 있었으며, 일본인들의 한자에 대한 높은 인식과 교육 열정을 배울 필요가 있음을 느꼈다. 한국인들은 한국어 속에서의 한자를 인정해야 할 것으로 생각된다. 우리는 한자 교육의 중요성을 재인식하고, 이를 통해 한국의 학생들이 더욱 풍부한 언어적 경험을 쌓을 수 있도록 체계적이고 실용적인 한자 교육을 도입해야 할 것이다. 또한 국어 교육 차원에서 한자 교육이 이루어져야 할 것으로 보인다. 이를 통해 한국어 어휘력과 문해력 향상에 기여할 수 있을 것으로 기대된다. 이번 일본 한자문명로드 답사는 일본의 한자 교육을 눈으로 직접 살펴보고, 우리의 한자 교육이 나아갈 방향에 대해서도 고민하게 하는 상당히 깊은 여운을 남기는 여행이 되었다.

참고문헌

1. 학위논문

총연림, 『근대 이후 한국·일본·베트남의 탈한자화 논쟁 및 한자교육』, 한국학중앙연구원 한국학대학원 박사학위논문, 2021.

2. 일반논문

김영옥, 「어문 정책에 따른 漢字敎育 정책 변천 과정 연구」, 『동아한학연구』 18, 2024.
도재학, 허인영, 「유형이의(類形異義) 관계의 설정과 어휘 대조 연구」, 『아시아문화연구』 43, 2017.
민현식, 「國語敎育 政策 改善을 통한 漢字語 敎育 强化 方案」, 『語文硏究』 37, 2009.
송영빈, 「일본에서의 한자 교육-초등학교를 중심으로」, 『국어교육학연구』 40, 2011.

3. 기타

월간조선 뉴스룸: https://monthly.chosun.com/client/news/viw.asp?ctcd=C&nNewsNumb=202209100029#google_vignette
월간조선 뉴스룸: https://monthly.chosun.com/client/news/viw.asp?ctcd=A&nNewsNumb=201909100025
위키백과: https://ko.wikipedia.org/wiki/대한민국_중고등학교_기초한자_목록
조갑제닷컴: https://www.chogabje.com/board/view.asp?C_IDX=67162&C_CC=BB
조갑제 TV: https://www.youtube.com/watch?v=ylUWGX0BuiA

만요가나(万葉仮名)로 시작하는 일본의 漢字

남미영

1. 일본편 한자인문로드의 시작

경성대학교 한국한자연구소 인문한국플러스(HK+)가 기획하는 한자인문로드의 일환으로 일본편 문화 탐방 프르그램인 한자인문로드의 서막을 알린다. 이 로드는 일본 고대문화와 한자의 도래에 관련하여 그 원류(源流)가 살아있는 간사이(関西)를 무대로 시작된다.

일본은 1600년도 세키가하라전투(関ヶ原戦闘)를 끝으로 일본의 정권과 수도가 에도(江戸 1603-1867)로 옮겨지는 역사적인 전기(転機)를 맞이한다. 일본을 동서로 가르는 중간에 위치한 세키가하라는 [경계의 들판]이라는 뜻으로 세키(関)는 훈독으로 쓰였고 음독으로 관이라불려 한자의 음독을 따서 관서(関西)와 관동(関東)지역으로 구분하여 일본을 양대 축으로 가르는 경계로 자리 잡게 된다.

관동이 승세를 잡아 일본의 수도가 에도(江戸)인 지금의 도쿄(東京)가 되는 연유로 이후의 모든 정치와 문화의 중심은 도쿄에 집중하여 발전되고 있다고 볼 수 있다. 하지만 한자인문로드에서 한자의 도래와 전파라는 측면에서 보자면 관동인 에도를 역사적으로 거슬러 올라가 관서로 초점을 맞추지 않을 수 없다.

[그림 1] 간사이(関西)지도

에도(江戸) 이전의 일본 문화의 중심과 고향은 [그림 1]의 간사이(関西) 지도에서 중심축을 이루는 나라(奈良), 교토(京都), 오사카(大阪)에 있었기 때문이다. 따라서 이번 일본 한자 인문로드는 한자의 전래에 관련해서 핵심 축이라 할 수 있는 나라와 교토를 중심으로 여정을 이어나가기로 한다.

2.「쿠니와 마호로바(国はまほろば¹)」

「쿠니와 마호로바(国はまほろば)」의 무대인 일본 나라(奈良)의 아스카에서 이번 한자 紀行의 막이 올려졌다. 일본의 고대 시대를 대표하는 지역은 나라(奈良), 아스카(飛鳥), 이카루가(斑鳩)라는 세 지역으로 분리되어 시대별로 지역 명칭으로 구분하였다. 나라(奈良)현 안에 위의 세 곳이 모두 포함되어 있다.

---

1 『古事記(고사기)』의 한 구절로 [야마토는 아름답고 풍요롭기 그지없다]라는 의미이다. 산 아래에 펼쳐지는 아스카의 아름다운 풍경을 바라보며 고대 일본인들이 느꼈던 벅찬 감정을 표현한 것으로 알려져 있다.

다음의 [그림 2]를 보면 奈良의 북서부 지역 아스카무라(明日香村)가 아스카시대라고 불렸던 바로 그 아스카[飛鳥]이다.

[그림 2]나라(奈良) 지도

[まほろば(마호로바)]라는 글귀는 진정한 큰 분지(대지)라는 의미로 크다는 것은 바로 [아름답고 풍요롭다]라는 의미이다. 또한 아스카 어디를 가더라도 곳곳에 박혀 있어, 여기에서 고대의 태동을 알리고 고대 일본의 상징이자 중심이었다라고 외치는 듯 했다.

당시의 일본은 중국의 후한서後漢書에 [1세기경 왜인의 나라에서 사자가 와 후한의 황제가 금인(金印)을 하사했다]는 기록에서 알 수 있듯이 왜라고 불렸다[2]. 일본 내에서는 문자의 부재로 역사가 기록되거나 그 정보가 알려지는데 오랜 시간이 걸렸던 것이다.

중국의 한자가 한반도를 거쳐 일본으로 건너가 퍼지기 전, 일본은 역사를 기록하거나 감정을 전달하는 도구로써의 문자가 없는 기록의 불모지였다. 소리의 [音]으로써의 언어는 존재하여 직접적인 소통과 교류는 가능하였으나 지속적인 기록의 문자가 부재하여 후대 사람들은 이 당시의 역사를 이웃 중국 역사서의 한 모퉁이에서 가늠할 뿐이었다.

---

2 『쉽고 재미있는 新 일본문화』, 다락원.

한자의 전래는 4-5세기경 백제의 王仁[3] 이 천자문과 논어를 일본어 전하면서부터 시작되어 성덕태자(聖徳太子)가 율령의 반포와 불교를 통해 본격적으로 사용하게 된다. 한자가 전래됨에 따라, 712년 고사기『古事記』를 필두로 720년 일본서기『日本書紀』, 그리고 만엽집(万葉集)이 편찬되게 되었다.

漢字는 일본식 만요가나(万葉仮名)를 통해 전파되었는데, 처음에는 고유 일본어의 의미는 무시하고 음만을 차용하여 읽고 표기하는 방식에서 차츰 음과 훈을 병용해 나간 것이 특징이고 한층 발전된 모습의 만요가나는 만엽집에서 확인할 수 있다.

일본의 한자음[4]은 한자가 전래되고 수입된 시기에 따라 오음(呉音, 592-628년), 한음(漢音, 710-794년), 당음(唐音, 1192-1333년)으로 구분된다. 각각 아스카시대, 헤이안시대, 가마쿠라시대로 나뉘어 사용되는 분야가 특정한 상태로 현대에 계승되고 있다.

모든 국가들이 그러하지만, 특히 중국은 광대한 토지와 방언 등의 영향으로 시대와 함께 정권의 중심 위치가 바뀌면 한자를 읽는 방법에 차이가 생기며 궁극적인 변화로 이어지기도 한다. 우리가 한자의 전래와 도입을 통해 사용함에 있어, 한 번 받아들인 한자의 음을 바꾸지 않고 새로운 음으로도 교체하지 않은 것과 비해, 일본은 겹겹이 쌓여진 형태로 계승해 온 점이 다르다. 따라서 하나의 한자에 수많은 음과 훈이 겹쳐져 다수 사용하게 된 것이다.[5] 일본어 학습에서 제일 어려운 분야가 한자의 습

---

3 왕인의 업적과 관련해서는 여러 설이 분분하다.
4 윤상실 외,『신일본어학개설』제이앤씨, 2021.
5 [生]이라는 한자를 예로 들면, 음과 훈을 다 합쳐 16가지의 읽기를 가지고 있다.

득과 그중에서도 읽기라고 할 수 있는데 이런 대로 사항이 여기에서 생겨난 것이다. 그러면 다음 장에서 万葉仮名(만요가나)의 활약과 그 집대성인 万葉集의 본거지로 다가가 보겠다.

3. 만요가나(万葉仮名)의 漢字

[그림 3] 아스카(飛鳥) 지도

1990년도 중반인 대략 30년 전이었을 것이다. 일본어를 전공으로 선택하고 대학원 석사과정 중에 처음으로 일본에서 방문한 곳이 교토와 나라이다. 지금까지 수많은 일본행이 이어져 왔지만 나라에서 느낀 첫 감정의 여운이 아직도 아련하게 또한 선명하게 남아있다.

일본이라는 나라(国)에서 [나라(奈良)]라는 지역은 완만한 지형과 얕은 산들이 인상적인 곳으로, 일본 특유의 호전적인 기와 양식이 아닌 사찰들이 마치 경주에 온 것 같은 친근함으로 풍경에 동화된 듯한 자연스러움이 있다.

특히, 아스카(飛鳥)에서는 도래인(渡来人)의 문화가 지배했던 아스카시대를 마주할 수 있었다. 이곳에서 고대 일본인들의 문화 즉 삶과 감정을 노래한 만요가나로 기록된 만엽집 등의 영상과 자료가 집대성되어 있는 만요문화관(万葉文化館)과 역사관(歴史館)을 빼놓을 수 없다. 게다가 발굴 당시의 일본 원시 시대의 동전 주조 유적들도 소장되어 눈길을 끌고 있다. 하지만 무엇보다도 중국의 한자음을 빌려와 고대일본어와 일본인들의 감정과 문화를 기록한 만엽집의 본산이 이곳인 것이 가장 임팩트가 있다. 이 점이 바로, 일본편 한자인문로드의 정수인 이유라고 봐야 하지 않을까 싶다.

만요가나(万葉仮名)는 소박하고 진솔한 고대 일본인들의 문학적인 감수성을 리얼하게 엿볼 수 있는 측면에서도 가치가 있다.

이쯤에서 만요가나의 원음과 해석을 곁들인 만엽집의 한 수를 살펴보지 않을 수 없겠다. 대표적인 여류시인인 누카타노 오오키미(額田王)의 작품[6]으로 살펴보도록 하자.

> 원문: 金野乃 美草苅葺 屋杼礼里之 兎道乃宮子能 借五百礒所念
>
> 읽기: 秋の野の、み草刈(か)り葺(ふ)き、宿(やど)れりし、宇治(うじ)の宮処(みやこ)の、仮廬(かりいほ)し思(おも)ほゆ
>
> 의미: 가을의 들판의 풀을 베어 지붕을 덮으니, 宇治(우지)의 임시 숙소가 떠오르는구나.

---

6 https://art-tags.net/manyo/one/m0007.html

초창기의 음만 빌려오는 형식에서 조사와 훈의 의미를 개재하는 과도기적인 만요가나의 형식이다. 여류작가 특유의 섬세하고 적적한 마음을 엿볼 수 있다. 만엽집에는 그 밖에도 술과 풍류를 즐기는 모습, 당시의 사회상을 풍자하는 작품 등, 귀족뿐만 아니라 서민들의 정서와 생활상을 다룬 점에서도 다양한 고대 일본인들의 시대상이 집대성되어 있다.

또한, 만엽집은 고대일본인들의 마음을 노래한 작품들뿐만 아니라 문자 연구 분야에서도 한자의 도입과 전파 음훈의 변화와 진화 등을 알 수 있는 소중한 자료집이기도 하다. 마침 방문할 무렵, 만엽집에 수록되어 있는 작가들의 특별 전시도 볼 겸 좋은 경험이었다.

고즈넉한 나라의 아스카에서 일본 한자 원류(源流)를 찾아보고 다음 발길을 옮긴 곳은 호류지(法隆寺, 법륭사)이다. [그림 1]의 간사이 지도를 참조하면 나라(奈良)는 간사이지역에서 바다를 면하지 않은 내륙이다. 따라서 대표적인 전통 요리로는 신선한 채소나 생선을 재료로 하는 것 보다 숙성 츠케모노(일본식 장아찌)나 숙성 초밥 등을 들 수 있는데, 호류지가 바로 나라의 대표적인 나라즈케(奈良漬), 감잎고등어초밥(柿の葉寿司)의 본거지로 유명하기에 색다른 식도락을 즐겨 보기에 적당한 곳이기도 하다.

그럼 다시 호류지로 돌아와서 담징의 금당벽화[7]로 우리에게 유명한 이곳은 야마토 이카루가(斑鳩)지역[8]에 위치하고 있고 1993년 세계 유네스코 문화유산에 등록된 바 있다. 고대시대 불교 건축물과 불상과 같은 문화재를 다수 소유하고 있는 것으로도 볼 가치가 있지만 위에서 언급한 것처럼 담징의 금당벽화를 목표로 방문하는 한국인들이 더 많을 것이다.

---

7 https://ja.wikipedia.org/wiki/
8 초창기에는 이카루카절(斑鳩寺)로 불리기도 했다.

이런 연유로 호류지에서 문화재를 소장하는 보물각을 증축할 때 기부를 받았는데 한국인들의 기부가 줄을 이었다고 한다. 그 당시 이 일로 인해 일본의 문화재를 소장하는 건물에 한국인들이 어째서 기부하느냐에 대한 말이 많았던 걸로 안다.

개인적인 경험으로 갈 때마다 겪는 일이지만 호류지 방문객들을 살펴본 스님들은 언제나 그렇듯 벽화가 있는 금당으로 안내하곤 했다. 하지만 이내 금당의 벽화가 어두워 아쉬움을 피로하곤 한다. 이미 30여 년 전 방문으로 알아버렸지만, 사실은 패전 이후에 일어난 화재로 금당의 벽화는 화재 진화 활동으로 지워져 버려 그 형체가 거의 지워져 버렸다. 호류지에서 판매하는 엽서의 그림에서 옛 금당벽화의 영화로운 형체를 엿 볼 수 있을 뿐이다.

상기와 같은 에피소드는 금당 벽화에 흥미가 집중된 한국인에 국한된 것으로 이것을 못 본다고 해서 실망할 것은 아니다. 호류지는 일본의 고대 불교의 모든 것이 소장되어 있다고 해도 과언이 아닐 정도로 그 규모가 장대하여 다 보기도 벅찬 곳이기 때문이다.

[그림 4] 호류지(法隆寺), 법륭사

[그림 5] 담징의 금당벽화

일본 고대 불교 문화의 진수와 다양한 불상들을 느끼고 접할 수 있는 문화재의 宝庫로써 커다란 가치가 있으므로 나라에 가면 호류지는 꼭 지나치지 않았으면 한다.

호류지를 나와 발길을 옮긴 곳이 헤이죠쿄(平城京)⁹이다. 일본의 수많은 성(城)의 흥망성쇠는 일본의 메이지유신(明治維新, 1868년)이후, 일본의 300여 개로 나눠져 있던 번(藩)을 현(県)으로 바구는 폐번치현(廃藩置県)을 실시하는 과정에서 중앙집권적인 통치에 저해되는 각 번의 성들을 강제적으로 파괴하는 과정으로 진행했다.

그러나 보통 역사적으로 일본의 왕궁 터를 이야기할 때 크게 나라와 교토의 두 곳을 거론한다. 이후 그 두 곳의 왕궁 터를 복원하는데도 많은 시간을 흐른다. 결국 1997년 무렵 교토의 헤이안신궁(平安神宮)이 완성되고, 2000년대에 이르러서야 나라의 헤이죠쿄(平城京)를 완성시킨다. 여담으로 마침 복원 당시의 두 왕궁을 방문할 기회가 있었는데 너무나 현대적이고 갓 깎아놓은 나무에서 풍겨 나오는 신선한 나무 향에 그 당시 황궁의 향수를 저해하는 듯한 느낌에 실망한 경험이 있다.

이번 일본기행에서는 왕궁 터의 복원에서는 헤이죠쿄를 중심으로 살펴보기로 하겠다. 나라 야마토(大和)에 위치한 헤이죠쿄는 국가주도로 의도한 바가 아니라, 우연히 건설현장에서 발견된 유적의 영향으로 발굴에 착수하게 되었다고 한다. 복원에 착수할 당시에는 너무나도 광범위한 헤이죠쿄 규모에 당시 나라의 건설현장이 위축(유적지에 건물을 짓지 못하는 연유)되었다고 할 정도였다.

---

9   https://ja.wikipedia.org/wiki/%E5%B9%B3%E5%9F%8E%E4%BA%AC

당(唐)의 장안성(長安城)을 모티브로 만들었다는 헤이죠쿄는 광활한 규모에 비해 아무것도 없는 광장(그림 7 참조)에 태극전과 주작문(朱雀門)만 우뚝 서있는 휑뎅그렁한 모습이어서 조금은 당황함을 금치 못했다. 방문한 당시가 2월의 바람이 몹시 부는 겨울이어서 더욱더 이런 인상이 강했을지도 모르겠다.

웬만큼 뚜렷한 방문 목표와 관심이 없이는 내국인과 외국인 방문객들의 이목을 끌기에는 흥미의 집중성이 떨어지는 복원이 아니었나 싶다. 하지만 앞으로도 헤이죠쿄의 복원은 계속될 것이고 주작문과 주작대로를 중심으로 차츰 좌경과 우경으로 나눠진 당의 장안성에 가까운 헤이죠쿄의 옛 모습을 찾아갈 것이라 생각된다. 여하튼 나라(奈良)의 태평성대를 누렸던 헤이죠쿄를 복원한 모습을 [그림 6]과 [그림 7]에서 찾아보려 했지만 어딘가 허전한 현 상황의 모습이다.

지금의 나라는 국철 [JR나라]역에서 도보로 10여 분 거리에 있는 사슴[10]공원과 동대사(東大寺)의 대불(大佛)로만 특정, 여행지 선정이 편중되어 있다. 불교를 받아들이고 한자를 일본의 문자로 사용하기 시작한 진정한 고대의 나라 지역을 알아가는 답사와 여행을 목표로 한다면 도도부현(都道府県) 체제에서 나라현(奈良県)으로 복속된 현재를 보면 설명이 부족하며 한자인문로드 탐방에 적합하지 않다.

---

10 간혹 일본의 절이나 신사 주변에서 사슴을 목격할 수가 있는데 일본 신화에서는 사슴을 신과 인간을 이어주는 사신의 역할을 한다고 믿었던 것에서 연유한다.

[그림 6] 헤이죠쿄 주작문(朱雀門)

[그림 7] 주작문(朱雀門)에서 바라본 헤이죠쿄 전경

　따라서 나라시대, 아스카시대를 모두 아우르는 고대 일본의 [나라, 아스카, 야마토, 이카루가]로 구분하여 시대별 유적과 문화재를 살펴보고 탐방 계획을 잡기를 권하고 싶다.

4. 나라에서 교토(京都)[11]로

　이번 장은 일본 정신 문화의 고향 교토(京都)가 되겠다. 처음 페이지에

11　https://search.yahoo.co.jp/image/search?rkf=2&ei=UTF-8&fr=wsr_is&p=%E4%BA%AC%E9%83%BD%E5%9C%B0%E5%9B%B3#12249cbf5f55f7540414fb9f6bf040aa

나왔던 [그림 1]의 간사이 지도를 보면 나라에서 교토(京都)는 북서(北西)쪽으로 면해 있기 때문에 교토 여정은 남부에서부터 시작된다.

교토는 일본의 행정체계상 총 47개의 도도부현(都道府県)에서 오사카부(大阪府)를 비롯한 두 개의 부(府) 중의 하나이며 京都市를 포함한 다수의 시정촌(市町村)들로 이루어져 있다.

상기의 나라(奈良)편에서도 유사한 점을 지적한 바 있는데, 일반적인 여행객들의 행선지는 교토부(京都府) 전체가 아닌 교토시(京都市)에만 이목이 집중되어 있다는 것이다. 따라서 유명한 문화재가 있는 대표적인 관광지가 아닌 이번 한자인문로드에서는 교토시를 비롯하여 우지시(宇治市)에도 주목하여 탐방 계획을 세웠다. 그러면 교토부 남부에 위치한 우지시(宇治市)로 가보도록 하겠다.

[그림 8] 교토(京都) 지도

이 지역은 일본 차(茶)의 고장으로 유명한 곳이다. 실제로 차의 명산지답게 우지시로 들어가자마자 검은 덮개를 한 하우스 시설들이 곳곳에 보였다. 탐방 중, 다도 실습에서 들은 바에 의하면 직사광선에서 노출시켜 키우는 타 지역의 차와 달리, 이런 방식을 택하면 연하면서 고풍스러운 향을 유지하는 차로 재배된다고 한다. 실제로 일본 전통의 다도(茶道)를 배우는 시간과 직접 만든 차도 음미할 수 있다. 그러면 우지시의 상징이자 일본의 대표 문화재인 뵤도인(平等院)으로 발길을 돌리기로 하자.

교토(京都) 우지(宇治)에 위치한 뵤도인(平等院)이 대중적으로 유명한 것은 [그림 9]와 같이 십엔 동전에 国宝인 봉황당(호오도, 鳳凰堂)[12]이 새겨져 있기 때문이다. 지폐에 그려진 상징물은 시대별로 바뀌어 가는데 십 엔의 봉황당은 여전히 十円의 자리에서 내려오지 않고 있다. 봉황당은 헤이안(平安, 現 교토 794-1185년)시대 후기의 사찰 양식을 비롯해 헤이안(平安)시대를 풍미하는 문화재를 다수 보유하고 있으며 당시의 정토정과 천태종 양식의 불상과 유물 등이 전해 내려져 온다.

입장료를 내고 들어간 뵤도인에서 가장 중앙에 위치한 鳳凰堂은 다시 400엔은 내야만 입장이 가능하다. 인간을 사후 세계로 인도하는 아미타여래(阿弥陀如来)상이 인자한 모습으로 사자(死者)를 저승으로 인도하는 벽화가 사방에 그려져 있고 가운데 앉아 있는 아미타여래의 이마와 건너편 창으로 비추는 태양이 직선을 이루는 광경이 인상적인 것으로 유명하다.

12　https://ja.wikipedia.org/wiki/%E5%8D%81%E5%86%86%E7%A1%AC%E8%B2%A8

[그림 9] 十円에 그려진 봉황당(鳳凰堂, 右)　　[그림 10] 봉황당(호오도, 鳳凰堂)

　　봉황당(鳳凰堂)이라는 명칭은 지붕 양 꼭대기에 봉황이 두 마리가 터를 잡고 있는 형상에서 유래하는데 [그림 10]에서 보이듯이 연못에 비친 봉황당이 그림과 같이 조화로운 형상을 이루고 있다. 그러면, 우지시 보도인을 마무리하고 교토시로 올라가 보기로 하자.
　　개인적으로 일본의 교토에서 가장 볼 만한 곳이 어디냐는 질문을 받는다면 주저없이 산쥬산겐도(三十三間堂)[13]를 꼽겠다. 교토박물관 바로 앞에 자리한 산쥬산겐도는 본당이 33칸으로 이루어진 것에서 그 명칭이 유래하는데 [그림 11]에서 가늠하듯이 실내에서 활쏘기 경연도 벌였을 정도로 단독 건물로는 독보적인 길이를 자랑한다.
　　산쥬산겐도 안으로 들어서자마자 보이는 등신대(等身大)의 천불상(千佛像, 실제로는 천개가 넘는다고 함)에 웅장함과 위엄에 절로 뒷걸음을 치게 된다. 작년 여름 한자인문로드로 방문한 진시황릉 병마용과 같은 기시감이 느껴지기도 하다. 천불상은 아무런 제재와 경계도 없이 손에 스치듯 지척에서 관람할 수 있어서 더더욱 등신대의 불상과 가깝게 마주하는 느낌이

13　https://www.sanjusangendo.jp

잘 살았다. 가장 앞줄에 있는 불상들은 거의 국보급 문화재 등으로 등록된 것들이어서 그만큼 답사할 가치가 있는 장소였고 충분히 만족할 만한 탐방이었다고 자부할 수 있겠다. [그림 11]의 사진을 조금 늘리긴 했지만 이렇게 해야만 활쏘기 대회가 열리기까지 했다던 서른 세 칸의 산쥬산겐도의 실제적인 길이를 가늠해 볼 수 있기 때문이다.

[그림 11] 산쥬산겐도(三十三間堂)

[그림 12] 산쥬산겐도 실내 천불상[14]

---

14 http://blog.livedoor.jp/s_hakase/archives/115759.html

[그림 12]에서는 자세히 볼 수 없지만, 실제로 불상들의 표정과 형상은 다양했다. 어두운 경내를 무대로 자상하게 미소 짓는 불상, 뱀과 거북이 등 동물 얼굴 모양을 한 불상, 괴기하고 무서운 표정을 지은 불상들을 천개 이상이나 마주한다는 것은 말 그대로 경외심(敬畏心) 그 자체였다.

산쥬산겐도를 나와 길 하나를 건너면 바로 앞에 로댕의 생각하는 사람이 반겨주는 쿄토국립박물관이 나온다. 전 세계에서 몇 개의 원본 중에 하나라고 하는데 여기에 대해서는 의견이 분분하다. 중국의 역사박물관들을 둘러본 경험이 있는 터라 교토국립박물관의 전시는 어떠할까 살펴보는데 당나라 시대의 문화재들을 보며 중국 여느 역사박물관 못지않은 방대한 양과 전시 규모에 놀라지 않을 수 없었다.

자국의 문화재뿐만 아니라 중국 관련 전시품도 상당히 체계적이고 세부적이었다. 한편으론 강점(強占)의 역사를 가진 나라여서 그런지 마냥 감상하며 감탄할 수 만은 없었던 것은 사실이다. 사실 여기에서 조금 걸어가면 토요토미 히데요시(豊臣 秀吉)를 기리는 토요쿠니신사(豊国神社)가 나오는데, 마땅히 한국인이라면 거기서 5분 거리에 있는 귀무덤(耳塚)[15]으로 발걸음을 옮기지 않을 수 없다. 임진왜란 당시 조선 백성들의 코를 베어 갔던 것이 정확한 이야기로 대략 12만 6000명 분의 코가 묻혀 있다. 코보다는 귀가 덜 섬뜩하여 귀무덤으로 바꾸었고 훗날 우리 후대들이 한 곳에 묻어 기리게 되었다고 한다. 쿄토의 마지막 여정은 귀무덤에서의 묵념으로 숙연한 분위기에서 마무리하였다.

---

15 https://ko.wikipedia.org/wiki/%EA%B7%80%EB%AC%B4%EB%8D%A4

[그림 13] 귀무덤(耳塚)

5. 일본편 한자인문로드를 마무리하며

   교토에서 오사카(大阪)로 이동하여 오사카성(大阪城)과 사천왕사(四天王寺)를 둘러보았다. 개인적으로 이 기행에서의 탐방의 목표에 보다 적합했던 나라와 교토를 중심으로 기행문을 작성하기로 진행하였다. 오사카편은 다음에 기회가 있으면 본격적으로 살펴보기로 하고 이것으로 나라와 교토를 중심으로 경성대학교 한국한자연구소 인문한국플러스(HK+)가 기획하는 한자인문로드의 일환으로 일본편 문화 탐방 기행을 마무리하기로 하겠다.

참고문헌

최광준, 『쉽고 재미있는 新일본문화』, 다락원 2018.
윤상실외, 『신일본어학개설』, 제이앤씨, 2021.

4

교토에서 만난 피카소,
나의 스승[我師]

신아사

　한·중·일(韓·中·日) 삼국에 대해 은사님께서 대학원 강의 때 언급하셨던 내용이 큰 울림이 있었다. 집과 대문 크기를 상대적으로 비교할 때, 한국은 집에 비해 대문을 크고 멋있게 하려는 경향이 있고, 중국은 규모 있고 화려한 집이라도 대문이 작고 볼품없어 내부를 전혀 짐작할 수 없는 경우가 많으며, 일본은 한국과 중국의 중간 정도라는 말씀이셨다. 삼국 간에는 같으면서도 다르고 다르면서도 같은 부분이 늘 존재한다. 인생살이 매한가지라 삼국뿐만 아니라 동서양도 그러할 것이다.

　『논어·술이(論語·述而)』편에 "삼인행, 필유아사언 (三人行, 必有我師焉)"이라는 구절이 있다. 그렇다. 누구든지 무엇이든지 배울 점이 있는 '나의 스승[我師]'이다. 다만 '나[我]'를 알아야만 '스승[師]'도 있는 법이다.

1. 간사이[関西]

　2023년 중국 시안[西安] 한자로드(漢字 road) 답사에 이어 2024년 2월에 일본 간사이[関西] 지방의 나라[奈良], 우지[宇治], 교토[京都], 오사카[大

阪]를 4박 5일 일정으로 방문하였다.[1]

나라[奈良]에서는 고대 일본어 표기법인 만요가나[万葉仮名]를 볼 수 있는 현립만요문화관[県立万葉文化館], 현존 세계 최고(最古) 목조 건축물이자 세계문화유산인 호류지[法隆寺], 나라[奈良] 최고(最古) 사찰이자 세계문화유산인 도다이지[東大寺]와 청동좌불상(青銅坐佛像), 불교 미술 전문 박물관인 나라[奈良] 국립박물관(国立博物館), 중국 당(唐)나라 장안성(長安城)을 본뜬 헤이죠코[平城京]를 방문하였다. 우지[宇治]에서는 헤이안[平安] 시대의 건축과 정원 양식을 볼 수 있는 천년 고찰이자 세계문화유산인 뵤도인[平等院], 일본 문학의 최고봉으로 일본인의 감정을 자유롭게 표현한 가나[仮名] 문학의 정수 겐지모노가타리[源氏物語] 뮤지엄을 관람하였다.

교토[京都]에서는 가마쿠라[鎌倉] 시대 천수관음상(千手観音像)이 있는 천태종(天台宗) 사찰이자 세계 최장 목조 건물인 세계문화유산 산주산겐도[三十三間堂], 일본에 차를 전파한 에이사이[栄西]가 창건한 교토[京都] 최초 선종(禪宗) 사찰인 겐닌지[建仁寺], 못 하나 없이 지은 일본 국보급 사찰이자 세계문화유산인 기요미즈데라[清水寺], 백제(百濟) 왕인(王仁) 박사의 한자 전수에서 이어진, 한자의 역사를 유물과 그림으로 볼 수 있는 일본 최초 한자박물관인 한검한자박물관(漢検漢字博物館), 헤이안[平安] 시대에서 에도[江戸] 시대까지 제작된 교토[京都] 유형 문화재 중심으로 미술품과 문화재를 소장한 교토[京都] 국립박물관(国立博物館)을 방문하였다. 오사카[大阪]에서는 일본 3대 성 중의 하나인 오사카성[大阪城]과 덴

---

1 일본 간사이[関西] 지방의 나라[奈良], 우지[宇治], 교토[京都], 오사카[大阪] 소재 박물관과 유적지에 대한 본 절의 소개는 본 사업단의 자료를 참고하였다.

슈가쿠[天守閣] 박물관(博物館), 아스카[飛鳥] 시대 일본 최초의 사찰이자 백제 불교 문화의 영향을 받은 시텐노지[四天王寺]를 관람하였다. 이 외에도 몇몇 곳에 더 들렀다.

2. 이동(異同)

교토[京都] 국립박물관(国立博物館)은 메이지[明治] 고도관(古都館), 헤이세이[平成] 지신관(知新館), 다실(茶室) 단안(堪庵), 옛 수장고[技術資料参考館], 문화재보존수리소(文化財保存修理所) 크게 다섯 개의 건물로 이루어져 있다.[2] 이 중 메이지[明治] 고도관(古都館)과 헤이세이[平成] 지신관(知新館)이 인상적이었다.

[사진 1] 메이지<明治> 고도관(古都館)

---

2   교토[京都] 국립박물관(国立博物館) 내 시설에 대한 설명과 [사진 1]은 교토[京都] 국립박물관(国立博物館) 공식 사이트에서 가져왔다.
    www.kyohaku.go.jp (2024.07.01-02 검색).

메이지[明治] 고도관(古都館)은 1895년(明治 28년) 10월에 준공하고 1897년(明治 30년) 5월 1일에 개관한 옛 제국교토박물관[帝国京都博物館] 본관으로, '궁전 건축가'로 불리며 일본 건축계를 개척한 가타야마 도쿠마[片山東熊]가 설계한 붉은 벽돌의 서양식 건축물이다. 프랑스 르네상스 바로크 양식의 도입과 함께 일본의 서정성과 섬세한 감각을 함께 표현한 외관은 뒤의 히가시야마[東山]의 경관과 잘 어울린다는 평가를 받는다. 내부에는 현관 홀, 중앙 홀, 10개의 전시실, 중앙정원이 좌우 대칭으로 배치되어 있는데, 답사 당시는 지진 대비 개보수 계획으로 인해 개방하지 않아 아쉬움이 있었다.

[사진 2] 헤이세이 <平成> 지신관(知新館)-1[3]

---

3   [사진 2]와 [사진 3]은 "Kyoto National Museum's New Wing Lightens Up" (Leslie Clagett 글, Kozo Okawa 사진, Architectural Record 2019.02.01.)에서 가져왔다 (2024.07.02 검색). www.architecturalrecord.com/articles/13940-kyoto-national-museums-new-wing-lightens-up.

[사진 3] 헤이세이 <平成> 지신관(知新館)-2

　헤이세이[平成] 지신관(知新館)은 2013년(平成 25년) 7월에 준공하고 2014년(平成 26년) 9월에 개관한 건축물로 세계적인 건축가 다니구치 요시오[谷口吉生, Yoshio Taniguch]가 현대적인 디자인으로 설계한 것이다. 직선을 주제로 하여 생겨난 일본적 공간, 확 트인 전망과 햇볕, 잘 갖춰진 지진 대비 구조, 최신 영상 설비, 정원을 한눈에 담은 레스토랑 등 잘 짜여진 전시관이다.

　Architectural Record에도 소개된 바 있는데, Architectural Record는 1891년에 창간하여 세계적인 건축 프로젝트 소개라든지, 건축 관련 실무, 역사, 비평 기사라든지, 특집 프로젝트의 고품질 사진이라든지 여러 분야에서 건축, 엔지니어링, 디자인 전문가 등의 독자층을 사로잡은 건축 및 인테리어 디자인 전문 월간지이다.[4] 명실상부하게 일반인의 시각과는 달리,

---

4　McGuigan, Cathleen (October 2014). The Sea Ranch Architectural Forum. YouTube. Archived from the original on December 19, 2021. Wikipedia에서 재인용

형태, 조명, 재질, 외관, 시설, 각도, 채광 등 다양한 각도에서 고려하여 기술, 논평했음을 알 수 있었다.

　　건축가 다니구치 요시오의 교토국립박물관 신관 디자인은 1895년에 지어진 화려한 벽돌의 원래 박물관과 완전히 대조되는 미니멀리스트 별관이다. 어두워진 후에도 랜드마크(landmark)인 이 건물이 강한 인상을 줄 수 있도록 조명 디자인 회사인 이와이 루미미디어 디자인(Iwai Lumimedia Design) 또한 강력한 형태와 미묘한 조명 사이의 균형을 조율하였다.

　　조명 디자이너는 건물 로비 앞에 있는 반투명 유리 커튼월(curtain wall)을 활용하여 벽의 수평 빔(beam)을 따라 고정 장치를 설치하였다. 밖에서 보면 일본의 전통적인 종이등이 빛나는 것과 비슷한 효과이다.

　　루미미디어의 설립자인 이와이 타츠야(Tatsuya Iwai) 또한 이 빛나는 퀄러티가 석회석 외관까지 확장되어 재료의 풍부함을 강조하기 원하였다. 이를 위해 그는 로비 위 채광창 외부를 따라 선형 벽 와셔(washer) 열을 배치하고 돌담의 중앙 상부 레지스터(register)에 집중시켰다. 현장에 전략적으로 배치된 추가적인 스포트라이트(spotlight)는 벽의 모서리를 비추도록 각도가 지정되어 있으며 표면 전체에 빛이 고르게 퍼지도록 조절되었다. 외부 조명 처리는 밤에 건물의 건축적 디테일(detail)을 명확하게 표현하고 배경 평면을 전경과 미묘하게 병합한다. 그 결과 박물관의 극적인 야간 정체성이 탄생하였다.[5]

(2024.07.03 검색). en.wikipedia.org/wiki/Architectural_Record#cite_ref-2.

5　"Kyoto National Museum's New Wing Lightens Up" (Leslie Clagett 글, Kozo Okawa 사진, Architectural Record 2019.02.01).
　　www.architecturalrecord.com/articles/13940-kyoto-national-museums-new-wing-

3. 정동(靜動)

    교토[京都] 국립박물관(国立博物館) 헤이세이[平成] 지신관(知新館) 관람 중 발걸음을 멈추고 한참을 보다 이리저리 왔다 갔다 하다가 또 한참을 본 작품이 있었다. 11세기 헤이안[平安] 시대어 교토[京都] 사이오지[西往寺, Saiō-ji]에 소장되어 있던[6] 바오즈(Baozhi, 寶誌, 418-514) 화상(和尚)의 목조(木造)[7] 입상(立像) "Standing Priest Baozhi"였다. 정중동(靜中動), 동중정(動中靜). 이어서 피카소(Pablo R. Picasso)가 어렴풋이 연상되었다.

    바오즈[寶誌] 화상(和尚)은 남북조(南北朝) 시대의 전설적인 화상(和尚)으로서 양(梁) 나라 무제(武帝)가 화가에게 바오즈[寶誌] 화상(和尚)의 초상을 그리게 했는데 관음보살(觀音菩薩)이 바오즈[寶誌] 화상(和尚)의 얼굴을 찢고 나타나 자유자재로 변하며 움직이는 바람에 그림을 못 그렸다는 전설이 전해진다. 이 입상(立像)의 신기한 얼굴은 바로 이 전설에서 비롯된 것으로, 얼굴이 둘로 갈라지면서 안에 있던 십일면관음(十一面觀音)의 모습이 이마 부분에 드러나는 순간을 포착해 조각한 것이다.

---

    lightens-up (2024.07.02 검색).

6 교토[京都] 국립박물관(国立博物館)이 영구 소장하는 조각 작품의 수는 의외로 상대적으로 적은 반면, 교토부[京都府] 및 일본 전역의 사원(寺院)과 신사(神社)에서 교토[京都] 국립박물관(国立博物館)에 맡긴 것 중에는 중요한 작품이 많다고 한다.
    "Buddhist and Shinto Sculpture of Kyoto" (Kycto National Museum).

7 에도[江戶] 시대 이전의 일본 조각상은 대부분 신이나 종교적인 인물이다. 7세기 이래 불교 조각품이 많이 제작되었는데, 남아시아와 히말라야에서 중국을 통해 수입되었다고 한다. 주요 재료로 나무를 사용한 점이 특징적인데, joint-block 구조(yosegi-zukuri) 등 다양한 조각법과 기술이 개발되었다고 한다. "Feature Exhibition Celebrating the 40th Anniversary of the Conservation Center for Cultural Properties: The Conservation of Japanese Art" (2024.07.03 검색).
    www.kyohaku.go.jp/old/eng/theme/floor1_2/past/1F-1_20201219.html.

바오즈[寶誌] 화상(和尚)은 수도 근처의 고목(古木) 꼭대기의 매 둥지에서 아기로 발견되었다고 하는데, 이는 후에 관음보살(觀音菩薩)의 복선이라 할 만하다. 중국 남조(南朝)의 승려 혜교(慧皎)가 저술한 『고승전(高僧傳)』에는 '寶誌'와 '保誌' 두 가지 이름이 등장하고, 『태평광기(太平廣記)』[8]에는 '寶公'의 설명에 보태며 한 사람인지 두 사람인지 불확실하다. 다만 '寶公'은 북방 사람인 반면 '寶誌'는 남방 사람이다. 불경과 전통 학문에 정통했으나 기적(奇迹), 기행(奇行), 예언으로 중국뿐만 아니라 일본에서[9] 명성이 높았다고 한다(Berkowitz 1995: 578-579).[10] 당(唐)나라 시선(詩仙) 이백(李白)은 '寶公' 혹은 바오즈[寶誌]를 '獨行絕侶'[11]로 추존하기도 하였다.[12]

Baozhi는 5대 선사(禪師) 중 첫 번째로 보살(菩薩)로 불리며 관음(觀音)의 현현으로 간주된다(Yu 2001, 211).[13] 육조(六朝) 주술신앙의 배경과 관련하여 점점 더 전설화되는 경향을 볼 수 있다.[14]

---

8   "≪祖堂集≫卷二就記載寶志和尚在回答梁武帝時說, 菩提達摩是"傳佛心印觀音大士"; ≪太平廣記≫卷九十二引≪賓談錄≫記載: "萬回祈觀音而生"; ≪高僧傳≫卷九≪懷讓傳≫則記載: 懷讓作爲"救苦觀音"濟難的故事." 徐汝聰(2014: 90).

9   한국 자료에 바오즈[寶誌] 화상(和尚)에 대한 언급이 적지만 고려시대 도선 신화에 대한 영향력은 가장 컸다는 주장도 있다(Bruneton 2012).

10 "By the twelfth century, accounts of the life of the Buddhist thaumaturge Baozhi state that he was found as a baby in a falcon's nest a top an old tree near the capital."

11 "水中之月, 了不可取. 虛空其心, 寥廓無主. 錦幪鳥爪, 獨行絕侶. 刀齊尺梁, 扇迷陳語. 丹青聖容, 何住何所." www.shidianguji.com/book/HY0385/chapter/1k3smfqnc63oz. (2024.07.03 검색).

12 '寶公'과 '誌公'은 '寶誌'의 경칭(敬稱)으로도 쓰인다. 李超(2021).

13 Yu, Chun-fang. 2001. Kuan-yin: The Chinese Transformation of Avalokiteśvara. New York: Columbia University Press. Bruneton(2012: 122)에서 재인용.

14 李超(2021: 2-4). "楊明璋≪唐宋誌公神異傳說與中日十一面、十二面觀音信仰≫是關於

[사진 4] Standing Priest Baozhi (Saiō-ji Temple, Kyoto)[15]

寶誌最新的研究, 在牧田諦亮和何劍平研究的基礎上更進一步探討寶誌的觀音化. 其首先以 S.1624, P.3727, S.5600, S.3177, P.3641 論述敦煌文獻中的寶誌, 然後結合傳世文獻, 梳理出寶誌觀音化的過程: "至八至九世紀初始言化現爲觀音……九世紀中葉纔出現有寶誌是十一面觀音的化身, 十世紀上半葉又有十二面觀音之說, 而十一世紀開始, 提到寶誌和尚示現觀音相都是十二面, 不再出現十一面, 寶誌儼然成爲十二面觀音的代名詞. "其後又補充了日本流傳的誌公神異傳說. 最後論述十二面觀音到十世紀發展出獨立信仰體系, 並"刻意與寶誌劈面化現的故事結合", 又探討了 "十二" 在中土是 "天之大數", 表明從 "十一" 變爲 "十二" 的原因: 中土的數字觀."

15 "Buddhist and Shinto Sculpture of Kyoto"
www.kyohaku.go.jp/eng/exhibitions/collection/2023/03/?date=01#Theme5440-01

양밍장[楊明璋]의 『당송(唐宋) 시대 지공[誌公]의 전설과 중국과 일본의 십일면(十一面) 및 십이면(十二面) 관음(觀音) 신앙』은 바오즈[寶誌]에 관한 최신 연구로, 마키타 다이료[牧田諦亮]와 허젠핑[何劍平]의 연구를 기초로 하여 바오즈[寶誌]의 관음화(觀音化)에 대해 더 깊이 탐구하였다. 먼저 S.1624, P.3727, S.5600, S.3177, P.3641를 중심으로 둔황(敦煌) 문헌 중의 바오즈[寶誌]에 대해 논의한 후, 전승 문헌을 결합하여 바오즈[寶誌]의 관음화(觀音化) 과정을 정리하였다. "8세기에서 9세기 초에 관음(觀音)으로 화현(化現)하였다고 처음으로 언급하기 시작하였고, …… 9세기 중엽에 이르러 비로소 바오즈[寶誌]가 십일면관음(十一面觀音)의 화신(化身)이라는 언급이 등장하였으며, 10세기 상반기에는 십이면관음(十二面觀音)이라는 언급도 있었으나, 11세기부터는 바오즈[寶誌] 화상(和尙)이 관음상(觀音相)을 나타낸다는 언급은 모두 십이면(十二面)이었고 십일면(十一面)은 나타나지 않았으므로 바오즈[寶誌]는 십이면관음(十二面觀音)의 대명사가 되었다." 이어서 일본에 전해진 지공(誌公)의 신화적 전설도 보충하였다. 마지막으로 십이면관음(十二面觀音)이 10세기에 독자적인 신앙 체계를 발전시켰으며, "의도적으로 바오즈[寶誌]가 얼굴을 가르고 화현(化現)하는 이야기와 결합되었다"고 하였고, '십이(十二)'가 중국에서 '하늘의 좋은 운수이자 큰 숫자'로서 '십일(十一)'에서 '십이(十二)'로 바뀐 이유를 고찰하였다. 이는 중국의 숫자에 대한 관념을 반영하는 것이다.

(2024.06.29 검색).

4. 심안(心眼)

해인사 성보박물관 앞뜰에 찢어진 두 불상과 이로 인한 텅빈 공간이 전시되어 있다.[16]

"겉으로 드러나는 불상에 연연하거나 집착하지 말고, 그 내면을 들여다보기 위해 노력하면, 결국 그 안에 있는 '나'를 발견하게 될 것"이라는 해석이 일반적이다. 즉, 두 불상 사이에 비어 있는 공간에 내가 있다는 것이다. 물에 담근 손이 "잘린 것이 아니지만 물 밖의 손과 물 안의 손으로 구분되는 것처럼, '부처의 소리' 속 불상은 불상이 반으로 갈린 것이 아니라, 아직 하나의 몸인데 두 차원에 걸쳐 있어서 떨어진 것처럼 보인다". 즉, "공간이 나뉜 것이고 불상이 나뉜 것이 아니라는 생각을 하게 되면 오히려 불상의 배경을 이루고 있는 공간이 마치 어긋나 있는 것처럼 보이는 착시효과도 일으키게 된다. 따라서 반쪽의 두 불상 사이의 공간은 마치 차원과 차원을 넘나드는 구멍같은 역할을 하게 되는 것이다."

교토[京都] 국립박물관(国立博物館)에 전시된 작품 중 일부는 사진 촬영이 허용되었다. 정면뿐만 아니라 측면과 후면의 모습도 기록으로 남겼다.

사물과 세상을 바라보는 다양한 시각이 존재한다. 전면에서 측면과 후면으로의 다각도의 시각이 필요하고, 더 나아가 외면뿐만 아니라 내면으로의 깊은 통찰 또한 필요하다. 표면적인 현상에 대한 재해석, 발상의 전환, 비틀기를 통해 혁신이라는 결과가 도출될 수 있다.

---

16 관련 내용은 "안성금의 '부처의 소리'"에서 옮겨 왔다. (주수완 글. 법보신문 2021.11.01) (2024.07.03 검색).
www.beopbo.com/news/articleView.html?idxno=304320.

[사진 5] 전면, 측면, 후면[17]

시간이 지남에 따라 동일한 대상이 다르게 다가오기도 한다. 예전에는 커피가 쓰기[苦]만 하였는데 이제는 각양각색의 풍미(風味)가 있는 기호 식품이 되었고, 박물관에 무관심하였는데 인류사의 단면을 엿볼 수 있는 공간으로 생각이 바뀌었다. 우리 인생살이도 그런 듯하다. 이해의 폭이 넓고 깊어질수록 시선과 시각도 달라지는 법이다.

지금 여기에서 나는 무엇을 보고 있나?

"오늘 하늘이.. 먹구름은 맨아래에 드리워져 있고, 흰구름은 그 위에 떠있으며, 푸른 하늘은 맨위에 끝없이 펼쳐져 있다. 인생사도 같은 이치일 듯. 다만 본질에 초점을 맞추고 더 높게 더 넓게 더 멀리 바라볼 뿐. 난 지금 무엇을 바라보고 있나?"[18]

---

17 필자가 직접 촬영한 사진이다.
18 필자의 X 계정(2012.08.25)에서 옮겨 씀.

참고문헌

Berkowitz, Alan. 1995. "Account Of The Buddhist Thaumaturge Baozhi". Buddhism in Practice. 578-585.

Bruneton, Yannick. 2012. "The Figure of Baozhi (418-524): A Model for the Buddhist Historiography of the Koryŏ Dynasty?". Journal of Korean Religions 3(2): 117-151.

Clagett, Leslie. 2019. "Kyoto National Museum's New Wing Lightens Up". Architectural Record. 2019.02.01.

李超(2021), 『寶誌信仰研究』, 四川大學碩士學位論文.

徐汝聰(2014), 試論僧伽造像及僧伽崇拜, 『東南文化』 2014(5) 第241期, 89-100.

주수완(2021), "안성금의 '부처의 소리'", 법보신문 2021.11.01.

Architectural Record: www.architecturalrecord.com.

Kyoto National Museum: www.kyohaku.go.jp.

Wikipedia: en.wikipedia.org.

X: www.x.com.

법보신문: www.beopbo.com.

識典古籍: www.shidianguji.com.

5

『겐지 모노가타리』 속 헤이안 시대 여행

이진숙

2024년 2월 1일부터 2월 5일까지 4박 5일 동안 <동아시아 한자문명로드 답사 그 다섯 번째>로 일본 간사이 지방을 답방하였다. 이 일정 중 2월 3일 오전에는 우지 지역의 겐지 모노가타리 박물관을 방문하였는데, 한때 문학을 전공한 나는 세계 최초의 소설이라는 『겐지 모노가타리』의 시대적 배경과 문화에 깊은 관심이 생겼다.

1. 겐지 모노가타리 박물관

겐지 모노가타리 박물관은 1998년에 개관하여 2008년에 복원되었다. 박물관 내부는 헤이안 시대의 궁정 생활을 재현한 공간으로, 물위에 떠있는 듯한 구조로 설계되었으며, 현대적인 건축 양식과 전통적인 일본 미학이 조화롭게 결합된 모습을 보여준다. 건물의 주요 부분은 유리와 콘크리트를 사용하여 투명하고 가벼운 느낌을 주며, 주변의 자연 경관과 조화를 이루고 있다.

겐지 모노가타리 박물관 앞 단체사진   수상 구조처럼 보이는 겐지 모노가타리 박물관의 유리벽과 전시 그림

『겐지 모노가타리』의 저자는 무라사키 시키부이다. 우리 일행은 겐지 모노가타리 박물관을 탐방한 후에 우지교를 지나 점심 식사를 하러 가는 길에 무라사키 시키부 석상을 만났다.

무라사키 시키부가 두루마리를 펼치고 있는 모습을 하고 있는 이 석상은 헤이안 시대의 궁중 여관의 우아함을 잘 표현하고 있다. 이곳은 많은 관광객이 사진을 찍는 명소이다.

겐지 모노가타리 박물관이 우지 지역에 설립된 계기는 『겐지 모노가타리』의 마지막 10장의 공간적 배경이 우지 지역이기 때문이다. 『겐지 모노가타리』는 일본 헤이안 시대(794~1185)를 배경으로 한 고전 문학 작품으로, 주인공 히카루 겐지의 삶과 사랑 이야기를 중심으로 전개된

무라사키 시키부 석상

다. 겐지는 일본 황제의 아들이지만, 발해국에서 파견된 사신의 예언을 믿은 아버지인 기리쓰보 천황의 염려로 황위 계승에서 제외되어 귀족으로 살아간다. 이 소설은 겐지의 다채로운 연애와 복잡한 인간관계를 그리며, 궁정의 정치적 음모와 사회적 관습을 묘사한다.

겐지 모노가타리 박물관은 크게 3구역으로 나뉜다. 첫 번째는 '헤이안 룸'으로 이 방에서는 헤이안 시대의 귀족 문화, 의상, 가구 등이 전시되어 있어 당시의 생활상을 엿볼 수 있다. 두 번째 구역은 '우지 룸'으로 우지를 배경으로 한 소설의 주요 장면들을 재현한 모형과 영상을 체험할 수 있다. 마지막 구역은 '영화 상영실'로 박물관에서 제작한 단편 영화를 상영한다. 우지 장의 비극적인 이야기를 소개하거나 또는 '겐지 판타지'라는 애니메이션을 15분 정도 방영한다.

겐지 모노가타리 박물관 내 연결통로

관람객들은 연결 통로를 통해 전시실로 들어간다. 이 통로를 지나면서 관람객들은 헤이안 시대의 분위기를 물씬 느낄 수 있으며, 고급스러운 건축 양식과 정교한 디자인을 감상할 수 있다. 이 연결 통로는 『겐지 모노가타리』의 상징적인 요소들을 포함하고 있어, 전시 관람을 더욱 풍부하게 만들어 준다. 이러한 세심한 디자인은 우리에게 단순한 관람 이상의 경험을 제공하며, 당시의 문화를 체험하는 듯한 느낌을 주었다.

1.1. 헤이안 룸

헤이안 시대 전시실은 『겐지 모노가타리』의 배경이 된 헤이안 시대의 문화를 중심으로 꾸며져 있다. 실물 크기의 호화로운 우마차와 궁정 여성들이 입었던 화려한 열두 겹 주니히토에, 겐지의 여자들이 거주하는 육조원의 축소 모형이 있다.

헤이안 시대 놀이

헤이안 룸에서는 『겐지 모노가타리』의 등장인물이 바둑을 두는 모형을 볼 수 있다. 이 모형을 통해 당시의 놀이 문화를 엿볼 수 있다.

헤이안 시대 바둑 놀이

『겐지 모노가타리』에서 여성들이 바둑을 두는 장면이 여러 번 등장한다. 그 중 제3권인 「우쓰세미 空蟬」에서 겐지는 우쓰세미와 노키바노오기가 바둑을 두는 모습을 훔쳐본다는 내용이 나온다. 바둑은 중국에서 7세기 무렵 일본으로 전래되어 9세기 헤이안 시대에는 하급 관료나 귀족, 천황에 이르기까지 크게 유행했다. 특히 남녀 귀족들이 실내

오락으로 즐겼던 대표적인 놀이 중 하나였다. 외부에 노출되는 것을 꺼려했던 귀족 여성들은 화려한 의상을 입고 실내에서 바둑을 비롯한 다양한 놀이를 즐겼다. 바둑은 여성들에게 문화적인 유희로 중요한 역할을 했음을 알 수 있다.

헤이안 룸에서 발견할 수 있는 또 다른 헤이안 시대 놀이는 조개 덮기 놀이이다.

팻말에는 "貝覆い"(카이오오이)라고 되어 있다. 현재는 "貝合わせ"(카이아와세)라고 불린다. 아름답게 채색된 조개껍데기를 짝지어 맞추는 놀이이다. 이 놀이는 일본 귀족들 사이에서 인기가 높았던 전통적인 놀이 중 하나로, 조개의 안쪽에 아름다운 그림을 그려 넣고, 두 개의 조개 껍데기를 맞추는 방식으로 진행된다. 각 조개 껍데기는 서로 다른 그림이나 문양이 그려져 있으며, 참가자들은 같은 그림이나 문양이 그려진 조개를 찾아 맞추어야 한다.

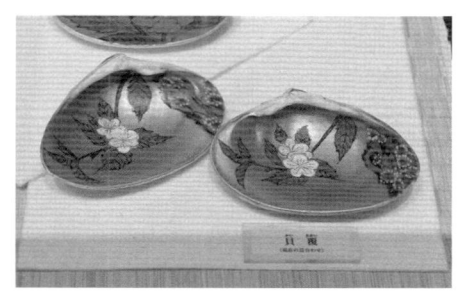

헤이안 시대 조개 놀이

조개 맞추기 게임은 단순한 놀이를 넘어 귀족들의 예술 감각과 미적 취향을 표현하는 중요한 수단이었다. 조개에 그려진 그림은 자연 풍경, 꽃, 새 등 다양한 주제를 포함하고 있으며, 정교하고 화려한 디자인이 특징이다. 이 게임으로 헤이안 귀족 사회의 문화적 수준과 예술적 감각을 엿볼 수 있다.

우마차

『겐지 모노가타리』에서 우마차가 중요한 역할을 하는 사건이 있다. 겐지의 연인이었던 로쿠조미야스도코로는 전 동궁비라는 높은 신분을 감추고 우마차를 타고 몰래 축제 현장에 나왔다가, 겐

헤이안 시대 우마차

지의 정실부인인 아오이노우에의 우마차와 부딪히게 된다. 사실 늦게 온 아오이노우에 측이 로쿠조미야스도코로의 우마차를 무리하게 밀쳐내면서 싸움이 시작되었다. 그러나 이로 인해 겐지의 숨겨진 연인이었던 로쿠조미야스도코로는 여러 사람 앞에서 망신을 당하게 된다. 결국 우마차 소동으로 로쿠조미야스도코로는 겐지와의 인연을 끊고 이세로 내려가며, 이 사건에 대한 분노로 그녀는 모노노케(생령)가 되어 아오이노우에를 죽음에 이르게 한다.

향료

일본에 향이 처음 전래된 것은 스이코 천황(592-628) 시기였다. 헤이안 시대에도 향료는 여전히 고가의 수입품이었다. 당시 귀족들은 여러 향을 조합하여 새로운 향을 만들어내고

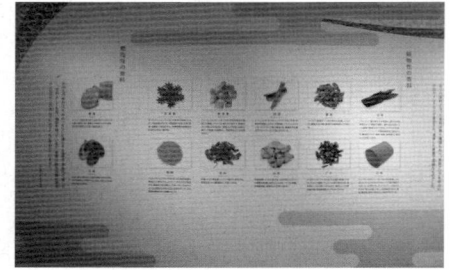

헤이안 시대 향 제조용 식물

이를 즐기는 고도의 섬세한 문화로 발전시켰다.

『겐지 모노가타리』에서 향는 중요한 역할을 한다. 겐지는 딸인 아카시노히메기미를 입궁시키기 위해 새로운 향료를 헌상받기도 하고, 그의 관상을 보고 앞날을 예언해준 발해의 관상가가 바친 기존의 향료를 이용하기도 한다. 겐지는 새로운 향과 새로운 문화를 창출하기 위해 딸이 동궁비로 입궁할 때 향 경합을 벌이기도 한다. 향은 귀중품으로 천황이나 일부의 상류 귀족층만이 독점적으로 소유할 수 있었다. 이러한 향을 사저의 창고에 보관하고 있고 헌상을 받는 겐지는 그가 그 시대의 권력자임을 보여준다.[1]

헤이안 시대의 복식

『겐지 모노가타리』에서 소쿠타이(束帶)의 색상은 착용자의 지위와 신분을 나타내는 중요한 요소로 등장한다. 소쿠타이의 색상은 입는 사람의 계급과 권위를 상징하며, 각 계급마다 특정 색상이 정해져 있었다. 겐지는 황제의 아들로서 주로 고귀한 자주색과 연한 청색의 소쿠타이를 입는다. 이러한 색상은 그의 높은 지위와 왕족으로서의 품위를 나타낸다. 그의 의상은 매력과 권위를 더욱 돋보이게 한다.

한편, 겐지의 아들 유기리(夕霧)는 이야기 중반부에 6위 관직으로 임명되며 녹색 옷을 입게 된다. 6위 관직은 비교적 낮은 계급으로, 녹색은 이 지위를 상징하는 색상이다. 유기리는 점차 더 높은 관직으로 승진을 하여, 겐지 가문의 위상을 높인다. 이처럼 『겐지 모노가타리』에서 소쿠타이

---

1 김병숙, 「향기가 들려주는 이야기」, 『키워드로 읽는 겐지 이야기』, 제이앤씨, 181-195쪽.

의 색상은 각 인물의 지위와 신분을 명확히 드러내는 중요한 역할을 한다. 겐지와 그의 아들 유기리의 복식은 이들의 사회적 위치와 권위를 시각적으로 표현하며, 당시의 복잡한 신분 제도를 잘 보여준다. 이러한 복식의 묘사는 독자들에게 헤이안 시대의 사회 구조와 문화를 이해하는 데 중요한 단서를 제공한다.

헤이안 시대의 헤어스타일

헤이안 시대, 특히 『겐지 모노가타리』가 배경으로 하는 시기에는 독특하고 우아한 여성 헤어 스타일이 크게 유행했다. 이전 시대가 당나라의 영향을 많이 받았다면, 견당사가 없어진 이 시대는 일본 고유의 국풍 양식이 발달하면서 중국식 스타일에서 벗어나 일본만의 복식과 머리 스타일이 주류를 이루게 되었다. 대표적인 헤어 스타일인 '타레가미(垂髮)'는 여성들이 머리를 길게 길러 자연스럽게 늘어뜨리는 스타일로, 여성의 아름다움과 고귀함을 상징하며, 귀족 사회에서 중요한 미적 기준으로 자리 잡았다.

『겐지 모노가타리』의 중요한 인물 중 하나인 타마카즈라(玉鬘)의 이름은 헤이안 시대의 미적 기준을 잘 보여준다. 타마카즈라는 겐지의 죽마고우인 두중장과 겐지의 애인이었던 유가오의 딸이다. 그녀의 이름은 "옥으로 만든 머리 장식"을 의미하며, 이는 그녀의 머리카락이 매우 아름답고 눈에 띄는 것이 특징임을 나타낸다. 당시 타마카즈라는 시골에서 막 도착해 머릿결이 상한 상태였지만, 겐지는 이를 매력으로 받아들였다. 타마카즈라의 머리카락은 그녀의 매력의 중요한 요소로, 『겐지 모노가타리』에서 그녀의 아름다움은 주로 머리카락을 통해 강조되며, 이는 독자들이 그녀의 매력을 더욱 실감나게 느낄 수 있게 한다.

헤이안 시대 남녀의 만남과 이별

헤이안 룸에서는 여성은 저택 내부에 있고 밖에 있는 남성이 발이 쳐진 내부를 바라보는 모형을 몇 개 볼 수 있다. 헤이안 시대, 특히 『겐지 모노가타리』에서 남녀의 만남과 이별을 나타내는 용어들이 있다. 이들은 당시의 사회적, 문화적 관습을 반영하며, 남녀 관계의 발전 단계를 세세하게 묘사한다. 이를 알 수 있는 몇몇 용어들을 살펴보면 다음과 같다.[2]

엿보기

① **가이마미**(垣間見)

『겐지 모노가타리』에서는 수많은 엿보기 장면이 등장한다. 이 소설에서 남자가 여자를 엿보는 장면이 서사에 중요한 장치로 등장한다. 이들 엿보기 장면들은 남자 주인공들의 연심과 정념을 자극하는 필연적인 요인으로 기능하며, 운명적인 사랑이나 밀통 등 극적인 남녀 간의 이야기를 전개시키는 원동력이 된다.[3]

2 　최진희, 『헤이안 시대 문학 작품에 나타난 연애의 양상과 언어표현』, 계명대학교 대학원 박사논문, 2009.
3 　김유천, 「엿보기 장면의 표현과 방법」, 『키워드로 읽은 겐지 이야기』, 제이엔씨, 2013,

② 조토카(贈答歌)

조토카는 와카(和歌) 증답을 의미하며, 남녀가 서로에게 와카를 주고받으며 자신의 감정을 표현하는 단계를 나타낸다. 와카는 서로의 감정을 탐색하고 확인하는 중요한 소통 방식이었다. 『겐지 모노가타리』에서 겐지는 주로 와카를 통해 연인들의 마음을 탐색한다. 그 중 겐지와 우쓰세미의 와타 증답을 보면 다음과 같다.

(겐지)
'가까이 가면 하하키기 어느새 자취 감추네
당신 마음 모른 채 영문 몰라 헤맸네
말씀드릴 방도도 없습니다.'
(우쓰세미)
보잘것없는 후에샤에 태어난 서글픈 신세
있는 듯 없는 듯이 사라진 하하키기

③ 요바이(夜這ひ)

요바이는 '밤에 기어들어가기'를 뜻하며, 남자가 밤에 여자의 집으로 찾아가는 단계를 의미한다. 겐지가 요바이(夜這い)하는 에피소드는 『겐지 모노가타리』 전체에 걸쳐 여러 장면에서 확인할 수 있다. 이것은 당시 일본의 남녀의 만남 방식이 주로 밤에 남자가 여자를 찾아가는 것으로 이루어지기 때문이기도 한다. 한 예로 『겐지 모노가타리』의 '우쓰세미'(空蟬) 장에서 겐지는 밤에 우쓰세미의 방으로 몰래 들어가 그녀를 엿보며

211~226쪽.

사랑을 고백하려 한다. 하지만 우쓰세미는 겐지의 접근을 피하고, 결국 겐지는 그녀의 허리띠만을 손에 쥐고 물러난다. 이 장면은 요바이의 전형적인 예로, 남성이 밤에 여성을 몰래 찾아가 구애하는 행위를 잘 보여준다.

④ **가요이**(通ひ)

가요이는 '통혼'을 의미하며, 남자가 정기적으로 여자의 집을 방문하는 단계를 나타낸다. 이 단계에서는 남녀가 서로의 감정을 확인하고 관계를 발전시키는 과정이 포함된다. 『겐지 모노가타리』에서 겐지와 무라사키노 우에의 관계에서 찾아볼 수 있다. 겐지는 무라사키노 우에를 정기적으로 방문하며 둘의 관계를 발전시키고 깊은 애정을 쌓아간다. 무라사키노 우에를 자기 부인으로 만들기 위해, 겐지는 그녀를 자신의 집으로 데려와 교육시키고, 그녀의 보호자 역할을 하며 서서히 신뢰를 쌓았다. 결국 무라사키노 우에와 결혼하여 그녀를 자신의 부인으로 삼게 된다.

⑤ **나가메**(眺め)

나가메는 '우수에 젖어 바라보다'를 의미하며, 남녀 관계가 소원해지는 단계를 나타낸다. 여자가 남자를 기다리며 고독과 상념에 잠기는 상황을 묘사한 것이다. 만약 남자가 3년 동안 찾아가지 않으면 이혼이 성립되었다고 한다. 『겐지 모노가타리』에서 스에쓰무하나는 고 히타치 친왕의 딸로, 혈통은 고귀하지만 외모는 뛰어나지 않은 아가씨이다. 아버지의 사망 후 돌봐주는 사람이 없어 황폐한 저택에서 어렵게 살던 중, 시녀의 주선으로 겐지와 하룻밤을 보낸다. 그러나 겨울날 그녀의 얼굴을 본 겐지가 실망하여 그들의 관계는 지속되지 않았다. 약 10년 후 겐지는 우연히 그녀를 만나 동정심을 느껴 경제적으로 후원하게 된다.

이러한 용어들은 헤이안 시대의 남녀 관계와 사랑의 단계를 세밀하게 표현하며, 『겐지 모노가타리』를 통해 그 시대의 사회적, 문화적 관습을 이해하는 데 중요한 역할을 한다.

1.2. 우지 룸

제45장에서 제54장은 '우지 장'으로 알려져 있다. 우지 룸에서는 『겐지 모노가타리』의 이 장들에 나오는 등장인물들의 가계도나 줄거리 요약을 제시하는 설명도가 전시되어 있다.

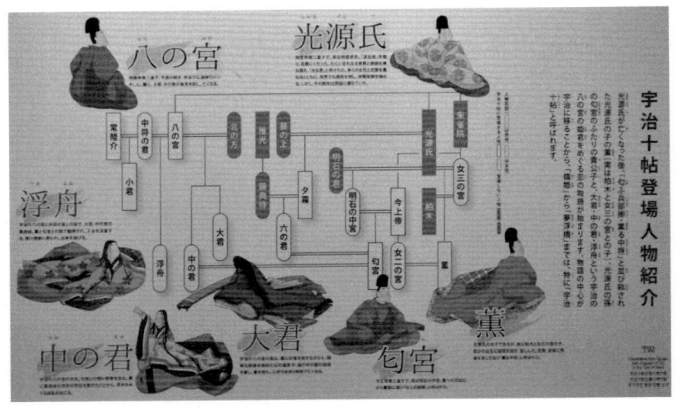

우지10첩 가계도

우지10첩들은 카오루와 그의 가장 친한 친구 니오노미야에 대한 이야기이다. 니오노미야는 겐지의 딸의 아들이자 현재의 황후의 아들이며, 현재의 황후는 겐지의 아들인 레이제이 황제가 퇴위한 후 황후가 되었다. 한편, 카오루는 세상에서는 겐지의 아들로 알려져 있지만 실제로는 두 번째 정실부인 온나산노미야와 겐지의 죽다고우인 두중장의 장남인 가시와기 사이에 태어난 혼외자이다. 이 장들은 카오루와 니오우노미야가 우지에 사는 황자의 3명의 딸을 두고 벌이는 경쟁을 다룬다.

카오루는 겐지의 아들이자, 겐지가 죽은 후에도 여러 재능을 가진 인물로 평가받는다. 카오루는 레이제이 황제의 세력 다툼에 휘말려 우지로 은거하며 불도에 정진하는 하치노미야를 만나 그의 두 딸인 오이기미와 나카노키미 사이에서 갈등한다. 카오루는 처음 오이기미에게 접근하지만 오이기미는 얼마 후 사망한다. 오이기미를 못잊은 카오루는 그 후 그녀의 동생인 나카노키미에게 접근한다. 나오우노미야와 결혼한 나카노키미는 카오루의 접근을 꺼려하여 배다른 누이인 우키후네를 소개해준다. 카오루는 오이기미를 닮은 우키후네에게 끌리지만, 내심 전 여친 오이기미와 비교하며 무시하는 태도를 보인다. 반대로 우키후네는 자신을 있는 그대로 사랑하는 니오우노미야와의 관계로 인해 고민한다. 우키후네는 한자로 '浮舟'로 가오루와 니오우노미야 사이에서 이러 저리 갈등하는 작중 인물을 나타내는 이름이다. 이후 우키후네는 강에 투신하여 실종된다. 후에 그녀가 여승이 되어 살아가고 있다는 소식을 듣고 찾아가지만 단호히 거절당하고, 실은 딴 남자가 있는 게 아닌가 의심하면서 작품이 끝난다.

1.3. 영화 상영실

겐지 모노가타리 박물관은 자체 제작하는 단편 애니 영화 두 편을 제공한다. 하나는 우지 10첩의 비극적인 여주인공 우키후네의 이야기를 다룬다. 다른 하나는 현재의 여고생이 타임슬립해주인공 히카루 겐지를 만나는 애니메이션이다.

우리 일행이 본 영화는 후자인 *Genji Fantasy: Neko ga Hikaru Genji ni Koi wo Shita*로 현대의 여고생 하나(Hana)가 고양이로 변해 헤이안 시대에 타임슬립하여 히카루 겐지를 만나게 되는 이야기이다. 여고생 하나는 무라사키 시키부의 일기와 기타 역사적 자료를 통해 헤이안 시대의 일상과 『겐지 모노가타리』의 배경을 경험한다. 이 애니메이션으로 일행은 헤이안 시대의 문화와 『겐지 모노가타리』의 세계를 현대적인 시각으로 재해석한 이야기를 경험할 수 있었다.

겐지 판타지 애니메이션

1.4. 기타 자료실

세 개의 주요 방 외에도 박물관은 『겐지 모노가타리』와 관련된 책을 전시한다.

『겐지 모노가타리』의 삽화

사진은 『겐지에칸초』(源氏繪鑑帖)라는 화첩이다. 제목은 "『겐지 모노가타리』의 그림 감상 노트"를 의미한다. 왼쪽은 전통적인 일본 문양과 글씨로 꾸며진 표지를, 오른쪽은 금박을 사용해 화려하게 표현된 삽화를 보여준다. 이런 류의 삽화집은 『겐지 모노가타리』를 시각적으로 즐길

『겐지에칸초』

수 있도록 돕는 역할을 하며, 당시의 문화와 예술을 생동감 있게 전달한다.

『겐지 모노가타리』 주석서

사진 속 책의 제목은 『고게쓰쇼 湖月抄』로 일본의 고전 문학 작품인 『겐지 모노가타리』의 주석서 중 하나이다. "湖月抄"는 '호수의 달을 기록하다'를 의미한다.

『겐지 모노가타리』 주석서

고게쓰쇼는 에도 시대의 학자이자 주석가인 키노시타 모토타카(木下長嘯子)에 의해 쓰여진 『겐지 모노가타리』의 주석서이다. 이 주석서는 『겐지 모노가타리』의 각 장을 해설하고, 이야기의 배경, 인물, 문화적 맥락 등을 상세히 설명한다. 이를 통해 독자들은 원작을 더 깊이 이해할 수 있게 된다.

이 책들은 에도 시대에 출판된 것으로 보이며, 당시의 독자들에게 『겐지 모노가타리』를 이해하는 데 큰 도움을 주었다. "湖月抄"는 지금도 고전 문학 연구자들 사이에서 중요한 자료로 취급되고 있다.

겐지 모노가타리의 현대어 번역들

『겐지 모노가타리』는 헤이안 시대 고위 관료들의 생활 방식을 독특하게 묘사하고 있다. 고어와 시적인 문체로 쓰여 있어 일반 독자들이 원문에 접근하기가 용이하지 않다. 이 박물관에는 『겐지 모노가타리』를 현대 일본어로 번역한 주요 번역가들의 인물 사진과 그들이 출판된 책을 전시하고 있었다.

① 요사노 아키코

요사노 아키코(与謝野 晶子)는 일본의 유명한 시인이자 작가로, 『겐지 모노가타리』를 현대 일본어로 번역한 것으로 잘 알려져 있다. 아키코는 20세기 초반에 『겐지 모노가타리』의 첫 번째 현대어 번역본인 『신역 겐지 모노가타리』를 출판하였으며, 이는 고전 일본어를 현대 일본어로 옮겨 더 많은 독자들이 이 고전을 접할 수 있게 했다. 그녀의 번역 작업은 『겐지 모노가타리』의 문학적 가치를 유지하면서도 현대적인 감각을 더하는 중요한 작업이었다.

요사노 아키코

② 다나베 세이코(田辺聖子)

다나베 세이코의 『겐지 모노가타리』는 『겐지 모노가타리』의 현대어

역 및 번안 작품 중에서 최고의 판매기록을 세우며 대중적인 주목을 받았다. 원전에서 많이 벗어난 작품이라는 평가와 오히려 원전을 자유롭게 가공하여 새로운 문화 창작을 선도한 작품이라는 긍정적인

다나베 세이코의 『겐지 모노가타리』 현대적 개작

평가가 동시에 존재한다. 다나베 세이코는 고전 『겐지 모노가타리』를 현대적인 시각에서 재해석하고 번역한다. 원문을 바탕으로 하되, 자신의 해설과 논평을 추가하여 독자들이 더 쉽게 이해할 수 있도록 한다. 책은 헤이안 시대의 의상, 연회, 사회적 규범 등 다양한 주제를 탐구하며, 당시 궁정 생활을 생생하게 묘사한다. 다나베 세이코는 그녀의 문학적 기여로 잘 알려져 있으며, 이 고전 텍스트에 현대적 감각을 더해 독자들이 원작의 깊이와 복잡성을 더 잘 이해할 수 있도록 한다. 그녀의 해석은 역사적 맥락과 현대 독자 사이의 격차를 좁혀주며, 고전을 더욱 친근하고 이해하기 쉽게 만든다.

③ 세토우치 자쿠초(瀬戸内寂聴)

세토우치 자쿠초는 일본의 저명한 소설가이자 불교 승려로, 『겐지 모노가타리』를 현대 일본어로 번역하여 그 가치를 대중에게 재조명한 인물이다. 그녀의 번역은 원래 헤이안 시대의 일본어로 쓰인 이 고전 문학 작품을 현대 독자들이 쉽게 이해하고 접할 수 있게 해주었다는 점에서 큰 의의가 있다.

세토우치 자쿠초가 번역한 『겐지 모노가타리』

2. 우지를 떠나며

일행은 점심을 먹고 자유 시간에 우지교 끝에 위치한 츠엔(通圓)을 방문하였다. 우지교는 일본에서 가장 오래된 다리 중 하나로, 646년에 도토라는 승려에 의해 처음 건설되었다. 전쟁과 자연재해로 인해 여러 차례 재건되었으며, 현재의 다리는 1996년에 콘크리트로 만들어졌지만 전통적인 건축 양식을 유지하고 있다.

우지교가 시작하는 초입에 위치한 츠엔은 일본에서 가장 오래된 찻집으로, 그 역사는 무려 1160년으로 거슬러 올라간다. 도요토미 히데요시와 도쿠가와 이에야스 등 역사적 인물들이 이 찻집을 다녀간 기록이 있으며, 현재의 건물은 1672년 에도 시대에 지어진 살아있는 문화재와 같은 곳이다.

우지 다리 끝의 츠엔 찻집

츠엔 가문이 대를 이어 운영하고 있는 이 찻집은 약 900년에 가까운 역사를 자랑하며, 일본 최고의 차 명산지인 우지에서 여행객들에게 차를 제공하던 전통을 이어오고 있다. 이곳은 전통적인 말차를 전문으로 하며, 우지를 방문하는 여행객들에게 필수 방문지로 꼽히는 이곳에서 일행은 천년을 흘렸을 우지강을 바라보며 달콤한 말차 아이스크림을 먹으며 천년 전의 겐지의 인생과 그가 누린 문화를 떠올렸다.

참고문헌

김병숙, 「향기가 들려주는 이야기」, 『키워드로 읽는 겐지 이야기』, 제이앤씨, 2013.
김유천, 「엿보기 장면의 표현과 방법」, 『키워드로 읽은 겐지 이야기』, 제이엔씨, 2013.
무라사키 시키부, 『겐지 모노가타리』 1, 2, 이미숙 번역, 서울대학교출판문화원, 2017.
최진희, 『헤이안 시대 문학 작품에 나타난 연애의 양상과 언어표현』, 계명대학교 대학원 박사논문, 2009.

6

일본 나라 현, 교토, 오사카
: 시간의 흔적을 따라간 여행

이해구

    일본의 전통과 역사를 깊이 탐방하고자 하는 마음으로 떠난 나라 현, 교토, 오사카의 여정은 잊지 못할 경험으로 가슴에 깊이 새겨졌다. 이 여행은 단순한 관광을 넘어서, 시간이 만들어낸 문화의 아름다움과 역사적 깊이를 느끼는 특별한 시간이 되었다. 이곳의 유적들은 오래된 시간의 흔적을 간직하며, 그들만의 이야기로 우리를 매료시킨다. 일본의 고유한 역사와 찬란했던 문화를 체험해 보는 소중한 시간이 되었다.

    처음 도착한 나라 현은 일본 역사에서 중요한 의미를 지닌 지역이다. 이곳은 일본의 첫 번째 수도가 있었던 곳으로, 그 유적들은 일본의 고대 문화를 여실히 보여주었다.

    ① 나라 현의 풍요로운 자연 속에 자리 잡은 만요 박물관은 일본 고대 문학의 보물창고였다. 만요슈의 시구들이 담긴 이곳은 마치 시인의 정원에 들어선 듯한 느낌을 주었다. 입구에 들어서자마자 만나는 우아한 정원은 방문객을 따뜻하게 맞이하며, 곳곳에 놓인 시비(詩碑)들은 고대 시인들의 영혼을 담고 있었다. 전시된 문서와 유물들은 만요슈의 깊은 역사와

문화를 생생하게 전해주며, 이를 통해 일본 고대인의 감성과 사상을 엿볼 수 있었다. 박물관을 둘러보는 동안 만요슈의 아름다운 시구들이 마음속 깊이 스며들어 고요한 감동을 받았다.

② 호류지: 고대 일본의 숨결이 고스란히 느껴지는 호류지. 나라 현의 이 절은 세계에서 가장 오래된 목조 건축물로, 그 웅장함과 섬세한 아름다움에 감탄을 자아냈다. 아침 햇살이 스며드는 순간, 금당과 오층탑이 마치 천년의 세월을 담은 채 조용히 숨 쉬는 것처럼 느껴졌다. 정교하게 조각된 불상과 목재 기둥에서 당시 장인들의 혼이 전해졌다. 숲속을 거닐다 보면 새들의 지저귐과 함께 자연과 역사의 조화로운 어우러짐이 마음을 평온하게 하였다. 호류지는 단순한 유적지를 넘어, 시간 여행을 떠나는 듯한 경이로운 경험을 나에게 선사했다.

③ 도다이지(東大寺): 장엄한 평화를 알리는 도다이지는 이 여행의 하이라이트를 알리는 장엄한 장소였다. 대불전(大仏殿)에 들어서자마자 압

도적인 규모의 청동 불상이 시선을 사로잡았다. 대불(大仏)의 위용은 단순히 크기를 넘어서, 그 자체로 한 시대의 신앙과 권위를 상징하는 듯했다. 불상의 눈은 깊고 고요하게 세상을 바라보며, 마치 오랜 세월의 지혜를 간직해 보였다. 도다이지의 넓은 뜰에 서서 바람에 흩날리는 가벼운 꽃잎과 사슴들의 평화로운 모습을 바라보았다. 사슴들은 일본의 전통에서 신성한 존재로 여겨지며, 그들이 이곳에서 자유롭게 돌아다니는 모습은 마치 시간이 멈춘 듯한 느낌을 주었다. 도다이지를 떠나면서 그곳에서 느꼈던 깊은 평화와 고요함은 여행의 시작을 더욱 특별하게 만들어 주었다.

④ 나라 공원(奈良公園): 자연과의 교감 일본 나라 현의 중심에 위치한 나라 공원에 발을 디뎠을 때, 나는 자연과 역사가 어우러진 아름다움에 감탄했다. 아침 햇살이 부드럽게 내려앉은 공원은 고요하면서도 생기 넘쳤다. 공원을 거닐며 가장 먼저 마주한 것은 수백 마리의 사슴들이었다. 이곳에서 사슴은 신성한 존재로 여겨지며, 사람들과 자연스럽게 어울려

다녔다. 나는 사슴들에게 과자를 주며 가까이서 교감할 수 있었고, 그들의 온순함에 마음이 따뜻해졌다. 도다이지로 향하는 길은 고즈넉한 숲길로, 고목들이 양옆으로 늘어서 있었다. 거대한 남대문을 지나자 일본 최대의 목조 건축물인 도다이지 대불전이 눈앞에 펼쳐졌다. 이곳에 모셔진 대불은 그 크기와 섬세한 조각으로 방문객들을 압도했다. 대불 앞에 서서 나는 그 웅장함과 평화로움에 경외감을 느꼈다. 공원의 다른 한편에는 고후쿠지도 자리하고 있었다. 오층탑이 우뚝 솟아 하늘을 찌를 듯했고, 그 옆에 있는 작은 절들은 고즈넉한 아름다움을 간직하고 있었다. 이곳에서 나는 역사와 전통이 살아 숨 쉬는 일본의 모습을 깊이 느낄 수 있었다. 산책을 마치고 벤치에 앉아 잠시 쉬는 동안 나는 나라 공원의 조용한 아름다움에 푹 빠져들었다. 사슴들이 한가로이 풀을 뜯고, 바람에 나뭇잎이 살랑이는 소리가 들려왔다. 자연과 역사가 조화를 이루는 이곳에서 나는 마음의 평화를 찾았고, 일상의 번잡함에서 벗어나 진정한 휴식을 누릴 수 있었다. 나라 공원은 그 자체로 하나의 살아 있는 예술 작품이었다.

⑤ 산쥬산겐도: 교토의 한적한 거리에 위치한 산쥬산겐도를 방문했을 때, 나는 일본 불교 예술의 정수를 만나는 특별한 경험을 했다. 이 절 안에는 1001개의 관음보살상이 모셔져 있는 것으로 유명하다. 길게 늘어선 목조 건물에 들어서자, 압도적인 경외감이 나를 사로잡았다. 그 내부에 들어설 때 압도적인 스케일의 관음보살상은 가히 당대 최고의 불교 예술이라는 생각이 들었다. 각각의 보살상은 미세한 표정 차이와 자세로 개성을 지니고 있었고, 이는 장인들의 혼이 깃든 세밀한 손길을 느끼게 했다. 내부는 고요함이 가득했고, 은은한 향 냄새가 마음을 평온하게 했다. 중

앙에 자리 잡은 주본존 관세음보살의 웅장함은 절정을 이루었고, 나는 그 앞에서 시간의 흐름을 잊은 채 머물렀다. 사찰 내부를 거닐며, 각 보살상이 지닌 이야기에 귀 기울이며 상상의 나래를 펼쳤다. 산쥬산겐도는 단순한 건축물을 넘어, 영혼의 치유와 내면의 평화를 찾을 수 있는 공간이었다. 그곳에서의 시간은 마치 과거와 현재가 교차하는 순간처럼 느껴졌고, 나는 그 감동을 마음 깊이 간직한 채 사찰을 떠났다. 이곳은 진정한 일본의 혼과 만날 수 있는 특별한 장소였다.

⑥ 기요미즈데라(清水寺): 기요미즈데라는 교토에서 가장 먼저 방문한 장소였다. '기요미즈'는 '맑은 물'을 뜻하며, 이곳의 정수는 단순한 사찰을 넘어서 시간의 흐름을 느낄 수 있는 장소였다. 기요미즈의 무대에서 바라보는 교토의 풍경은 마치 세상의 모든 복잡함을 잊게 만드는 평화로운 순간이었다. 특히 봄철에는 벚꽃이 만발하여 도시 전체가 핑크빛으로 물들어 있었다. 사찰의 전통적인 건축 양식은 일본의 오랜 미학을 여실히 보여주었다. 높은 기둥과 세밀한 기와 지붕은 일본의 전통 건축을 상징하며, 그 앞에서 우리는 과거와 현재를 잇는 특별한 순간을 경험할 수 있었다. 기요미즈데라의 풍경과 분위기는 일본의 전통을 느끼기에 완벽한 장소였다.

⑦ 금각사(金閣寺): 황금의 반짝임 교토의 금각사, 사천왕사를 방문했을 때, 나는 그 황금빛 찬란함에 눈을 뗄 수 없었다. 잔잔한 연못에 비친 금각사의 모습은 마치 한 폭의 그림 같았다. 아침 햇살이 비추자 금박으로 덮인 건물은 더욱 빛을 발하며 그 아름다움을 드러냈다. 연못을 따라

걸으며 바라본 금각사는 자연과 인공이 완벽하게 조화를 이룬 공간이었다. 사원 안으로 들어서니, 사천왕의 수호 아래 고요하고 신성한 분위기가 감돌았다. 각각의 사천왕상은 위엄을 지니고 있었고, 나는 그들의 섬세한 조각과 생동감에 감탄했다. 주변 정원을 산책하며, 잘 가꿔진 나무와 꽃들 사이로 부드러운 바람이 불어왔다. 나무 그늘 아래 앉아 금각사를 바라보며, 나는 그 고요함과 평화로움에 마음이 차분해졌다. 금각사의 아름다움은 단순한 시각적 즐거움을 넘어, 내면의 깊은 곳까지 울림을 주었다. 교토의 금각사, 사천왕사는 그 순간을 기억에 남게 하는 특별한 장소였다. 그곳에서 나는 시간의 흐름을 잊은 채, 금각사의 황금빛 영광과 사천왕의 수호 아래에서 마음의 평화를 찾을 수 있었다.

⑧ 오사카성: 현대와 전통의 융합 비가 제법 내리는 오사카성에 발을 디딘 순간, 나는 과거와 현재가 공존하는 독특한 분위기에 압도되었다. 웅장한 성의 모습은 도심 속에서도 단연 돋보였고, 성을 둘러싼 넓은 해자와 푸른 정원이 그 아름다움을 더했다. 성의 입구를 지나며 두꺼운 성벽과 거대한 돌들을 바라보았을 때, 나는 이곳이 수백 년의 역사를 품고 있다는 것을 실감했다. 천천히 성곽을 따라 걸어가니, 오사카성의 웅장함이 더욱 뚜렷이 다가왔다. 각 층마다 정교하게 조각된 목재 구조물과 화려한 장식들이 고풍스러움을 자아냈다. 성 안으로 들어서니, 고층에서 내려다본 오사카 시내의 풍경이 한눈에 들어왔다. 현대적인 도시와 고풍스러운 성이 어우러진 모습은 특별한 감동을 주었다. 성의 내부에는 도요토미 히데요시의 업적과 오사카의 역사를 담은 전시물이 가득했다. 그중에서도 대규모 전투의 장면을 재현한 디오라마는 매우 인상적이었다. 성

꼭대기에 올라섰을 때, 바람이 불어와 나의 얼굴을 스쳤다. 그 순간, 마치 과거의 전설적인 인물들이 나와 함께 이 풍경을 바라보고 있는 듯한 느낌이 들었다. 역사 속으로 빠져드는 듯한 이 경험은 오사카성에서만 느낄 수 있는 특별함이었다. 성 주변의 정원은 또 다른 매력을 더했다. 벚꽃이 만개하는 계절에는 환상적인 풍경이 펼쳐진다고 들었지만, 내가 방문했을 때는 제법 많은 양의 비가 내렸다. 그 와중에도 잘 정돈되고 계획된 수목들은 매우 아름다웠다. 고요한 연못과 다리, 그리고 자연과 어우러진 건축물들은 평화로운 분위기를 자아냈다. 오사카성에서의 시간은 마치 시간 여행을 하는 듯한 기분을 안겨주었다. 과거의 영광과 현재의 조화로운 공존을 체험할 수 있었던 이곳에서, 나는 깊은 인상을 받으며 발길을 돌렸다. 오사카성은 단순한 관광지를 넘어, 역사와 문화의 깊이를 느낄 수 있는 특별한 장소였다.

⑨ 도톤보리를 방문했을 때, 나는 오사카의 활기찬 심장을 경험할 수 있었다. 저녁이 되자 화려한 네온사인과 거대한 간판들이 거리를 밝히며 눈길을 사로잡았다. 글리코맨이 환하게 웃고 있는 도톤보리 다리 근처는 사람들로 붐비며 활기가 넘쳤다. 강변을 따라 걷다 보니 수많은 음식점들이 줄지어 있었다. 타코야키, 오코노미야키, 라멘 등 각종 오사카 명물들이 나를 유혹했다. 나는 타코야키 가게 앞에 줄을 서서 신선한 문어가 들어간 바삭한 타코야키를 맛보았다. 입안에서 퍼지는 풍미에 미소가 절로 지어졌다. 도톤보리의 거리를 걷는 동안 곳곳에서 들려오는 웃음소리와 활기찬 대화들이 나를 에워쌌다. 거리 공연자들은 각자의 재능을 뽐내며 사람들의 발길을 붙잡았다. 나는 한곳에 멈춰 서서 기타를 연주하는 청

년의 음악에 잠시 귀를 기울였다. 그 순간, 도톤보리의 밤은 마치 축제와도 같았다. 도톤보리 강 위로 오가는 유람선을 보며, 나는 오사카의 과거와 현재가 이곳에서 어떻게 어우러지는지 느낄 수 있었다. 전통과 현대가 공존하는 이곳에서, 나는 새로운 에너지를 얻었다. 강변에 자리한 카페에 앉아 커피 한 잔을 즐기며, 강 위에 비친 불빛들을 바라보았다. 도톤보리의 야경은 마치 꿈속의 한 장면처럼 아름다웠다. 도톤보리는 단순한 관광지가 아닌, 오사카의 생동감을 그대로 느낄 수 있는 장소였다. 화려한 조명과 사람들의 열기로 가득한 이곳에서 나는 오사카의 진정한 매력을 만끽했다. 도톤보리의 밤은 잊지 못할 추억으로 남았고, 나는 다시 이곳을 찾고 싶다는 생각을 하며 발길을 돌렸다. 오사카의 심장부에서의 시간은 나에게 새로운 영감을 주었고, 도톤보리는 그 매력으로 나를 사로잡았다.

⑩ 시간의 여행을 마치며 나라 현, 교토, 오사카의 여정은 일본의 역사와 문화 속으로 깊이 들어가는 특별한 경험이었다. 이곳의 유적들은 단순히 과거의 흔적이 아니라, 현재와 미래에까지 영향을 미치는 살아있는 역사였다. 여행을 통해 우리는 일본의 전통과 문화를 깊이 이해할 수 있었고, 그 아름다움과 의미를 직접 느낄 수 있었다. 이 여행은 단순한 관광을 넘어, 일본의 역사와 문화를 깊이 이해하고, 그곳에서 살아있는 전통과 문화를 체험하는 소중한 시간이 되었다.

7

한자의 발자취를 따라
: 간사이 지방에서 만난 동아시아 문화의 정수

임현열

1. 한자로드, 그 다섯 번째 여정의 시작

한국한자연구소의 한자로드 프로젝트가 다섯 번째 여정을 맞이했다. 이번 답사는 일본 간사이(關西) 지방을 대상으로 이루어졌다. 우리 연구소는 2018년부터 한자문명 연구의 일환으로 한자로드 답사를 시작했다. 첫 세 차례의 답사는 성공적으로 진행되었으나, 2020년 초 전 세계를 강타한 코로나19 팬데믹으로 인해 불가피하게 중단되었다.

약 3년간의 긴 휴식기를 거쳐, 2023년 여름 우리는 중국 서안(西安)으로 네 번째 답사를 떠났다. 그리고 이번에 다섯 번째 답사로 일본 간사이 지방을 찾게 된 것이다. 코로나19 이후 처음 진행된 서안 답사 때는 그간 쌓였던 열기로 인해 참가 신청이 폭주했다. 당시에는 버스 두 대를 대절해야 할 정도로 많은 인원이 참여했다.

반면 이번 간사이 답사는 좀 더 심도 있는 학술 탐방을 목표로 했다. 따라서 버스 한 대로 이동 가능한 인원으로 참가자를 제한했다. 홍보 역시 이른바 지식인 대중을 향해 진행했다. 그럼에도 불구하고 30명이 훨씬 넘는 인원이 모였다. 이는 한자에 대한 대중의 지속적인 관심을 보여주는 증거였다. 우리 사회에서 한자 문화에 대한 관심이 여전히 뜨겁다는 것을 실감케 하는 순간이었다.

이번 답사지로 일본 간사이 지방을 선정한 이유는 명확했다. 우리는 한자가 일본에 전해진 이후의 발전과 변화, 그리고 일본 문화와의 융합 과정을 직접 확인하고자 했다. 간사이 지방은 일본 문화의 중심지로, 고대부터 현대에 이르기까지 한자 문화의 흔적을 풍부하게 간직하고 있기 때문이다.

특히 나라(奈良), 교토(京都), 오사카(大阪)와 같은 도시들은 한자와 관련된 다수의 유적과 박물관을 보유하고 있어, 우리의 학술적 호기심을 충족시키기에 적합한 장소였다. 예를 들어, 나라의 도다이지(東大寺) 사원에서는 8세기 나라 시대의 한자 문화를 직접 볼 수 있었다. 절 안의 비문과 불상에 새겨진 한자들은 당시 일본에서 한자가 어떻게 사용되었는지를 생생하게 보여주었다.

교토의 한검한자박물관(漢檢漢字博物館)에서는 일본에서의 한자 발전 과정을 체계적으로 살펴볼 수 있었다. 이 박물관은 백제의 한자 전수에서부터 현대 일본의 한자 사용까지, 일본 한자의 역사를 총망라하고 있었다. 특히 한중일 공용 한자 808자를 소개하는 코너는 동아시아 문화의 공통점과 차이점을 이해하는 데 큰 도움이 되었다.

오사카성(大阪城)에서는 일본 전국시대 말기부터 에도(江戶) 시대 초기까지의 한자 사용을 볼 수 있었다. 성 내부의 박물관에 전시된 문서와 유물들은 당시 무사 계급이 한자를 어떻게 사용했는지, 그리고 한자가 일본의 정치와 문화에 어떤 영향을 미쳤는지를 잘 보여주고 있었다.

답사 준비 과정에서 많은 이들의 도움이 있었다. 지난 서안 답사 때 큰 역할을 했던 신근영 교수님과 이가연 선생님, 그리고 하영삼 소장님, 최남규 교수님, 조성덕 교수님의 노고를 먼저 언급하지 않을 수 없다. 이들의 경험과 지식은 이번 답사를 준비하는 데 있어 중요한 밑거름이 되었다.

이번 답사에서는 김시현 교수님이 중심이 되어 준비를 진행하였다. 김시현 교수님은 답사 기간 내내 '똑띠'라는 별명이 붙을 정도로 효율적으로 업무를 처리하였다. 특히 김시현 교수님의 세심한 배려는 참가자들로부터 큰 호응을 얻었다. 예를 들어, 고령의 참가자를 위해 계단이 적은 동선을 따로 마련하거나, 학생들의 관심사에 맞춰 추가 설명을 준비하는 등의 노력이 돋보였다. 또한, 일정 중 갑작스러운 비 소식에 즉각적으로 대응하여 우산을 준비하고 일정 안배를 변경하는 등의 융통성 있는 대처도 보여주었다. 진미리 연구원 역시 김시현 교수님을 보조하며 헌신적으로 일했다. 진미리 연구원은 학생 연구원으로서 중국학과 학생임에도 불구하고 어느 정도 일본어를 할 수 있었기에 현지에서 발생하는 여러 상황들을 원활하게 해결하는 데 큰 역할을 했다.

자문위원으로는 남미영 교수님이 준비위원장을 맡아 활약하였다. 남미영 교수님은 원로교수님들과 고학력 답사대원들의 지적 욕구를 충족시키는 한편, 젊은 학생들에게는 대학 교수 특유의 친근함으로 대응하여 실무진에게 큰 도움이 되었다. 최승은 교수님은 일본문학 전공자로서 관련 내용에 대해 풍부한 해설을 제공하였으며, 일본에서의 오랜 유학 경험을 바탕으로 다양한 실용적 정보를 제공하였다. 조성덕 교수님은 답사 한

달 전 해당 지역 방문 경험을 토대로 최신 정보를 제공하였으며, 서안 답사 때보다 더욱 생동감 있는 정보를 전달하고 답사단의 분위기를 활기차게 이끌었다.

한자로드 프로젝트의 취지는 단순한 여행을 넘어 한자 문화권의 역사와 문화를 직접 체험하고, 한자가 동아시아 문명에 미친 영향을 심도 있게 이해하는 데 있다. 이번 간사이 지방 답사는 그 다섯 번째 여정으로, 한자가 일본에 전해진 후의 변화와 발전, 그리고 일본 고유 문화와의 융합 과정을 직접 확인할 수 있는 귀중한 기회였다. 특히 이번 답사는 앞선 네 차례의 경험을 바탕으로 더욱 체계적이고 심도 있게 진행될 수 있었다.

본 답사기는 개인의 경험담인 동시에 한국한자연구소의 공식 기록으로서의 의미를 지닌다. 따라서 최대한 객관적인 시각으로 관찰하고 느낀 점을 전달하고자 하였다. 답사 일정은 나라(奈良), 우지(宇治), 교토(京都), 오사카(大阪)를 중심으로 진행되었으며, 같은 지역을 여러 날에 걸쳐 방문하거나 하루에 여러 지역을 이동하는 등 다양한 방식으로 구성되었다. 이에 본 글에서는 필자가 경험한 순서대로 각 장소를 소개하고, 그에 대한 개인적 소견을 덧붙이는 방식으로 구성하였다.

다만, 이 답사기가 답사 후 약 6개월이 지난 시점에서 작성되었다는 점을 미리 밝혀둔다. 따라서 세부적인 날짜나 시간에 대해서는 다소 오차가 있을 수 있음을 양해 바란다. 그러나 각 장소에서 받은 인상과 느낌, 그리고 한자 문화와 관련된 중요한 정보들은 가능한 한 정확하게 전달하고자 노력했다.

2. 나라(奈良)에서 마주한 일본 고대 문화의 숨결

간사이 국제공항에 도착한 우리 일행은 간단한 점심 식사 후 곧바로 만요박물관 문화관으로 향했다. 이곳은 일본 최고(最古)의 가집인『만요슈(萬葉集)』를 테마로 한 박물관으로, 첫 방문지로서 우리의 호기심을 자극하기에 충분했다.

박물관에 들어서자『만요슈』를 모티브로 그려진 다수의 일본화가 우리를 맞이했다. 특히 눈길을 끈 것은 일본 최고(最古)의 화폐인 후혼센(富本錢)이었다. 고대 시장을 재현한 광장에서는 마치 시간 여행을 하는 듯한 느낌이 들었고, 만요의 시인들을 소개하는 영상관에서는 당시의 문화와 정서를 생생하게 느낄 수 있었다.

'만요 백과 시스템'이라는 정보 검색 시스템을 통해『만요슈』에 대한 상세한 정보를 얻을 수 있었고, 만 권에 이르는 장서를 보유한 도서실의 규모에 감탄했다. 이곳에서 우리는 7세기 전기부터 8세기 중엽에 이르는 약 130년간의 4,500여 수의 노래가 수록된『만요슈』의 가치를 깊이 이해할 수 있었다.

여기서는 일본 특유의 깔끔하고 체계적인 전시 방식에 깊은 인상을 받았다. 한편 만요라는 고대 문학을 이토록 흥미롭게 전시하고 알리는 방식은 우리에게도 좋은 본보기가 될 수 있겠다는 생각이 들었다. 한국의 향가와 같은 고대 문학도 이런 방식으로 전시한다면 어떨까 하는 아이디어가 떠올랐다. 만약 한국에서 이와 같은 박물관을 만든다면 경주(慶州)나 안동(安東)과 같은 전통문화의 중심지가 적합할 것 같다는 의견이 나왔다. 이런 논의를 통해 우리는 한국의 문화유산을 새로운 시각으로 바라보는 계기를 갖게 되었다.

둘째 날 아침, 우리는 맑고 청명한 날씨 속에서 호류지(法隆寺)로 향했다. 다른 관광객들이 많지 않아 우리 답사대원들만의 호젓한 분위기를 만끽할 수 있었다. 607년경 쇼토쿠 태자(聖德太子)가 창건했다는 이 사찰은 1400년이 넘는 역사를 자랑하며, 1993년 유네스코 세계문화유산으로 등재되었다.

호류지의 가장 큰 특징인 세계 최고(最古)의 목조 건축물들을 직접 눈으로 확인할 수 있었다. 특히 오층탑과 금당은 7세기 초의 모습을 그대로 간직하고 있어 그 역사적 가치에 감탄을 금할 수 없었다. 서원 가람의 오층탑, 금당, 중문, 대강당을 둘러싼 회랑의 모습은 고대 불교 건축의 정수를 보여주는 듯했다.

동원의 몽전(夢殿)은 그 신비로운 분위기로 우리를 매료시켰다. 55개의 국보 및 중요문화재로 지정된 건조물과 약 3,000점의 불교 미술품을 소장하고 있다는 설명을 들으며, 이곳이 일본 불교 미술과 건축의 보고라는 말이 과언이 아님을 실감했다.

쇼토쿠 태자의 이름을 한국식으로 읽으면 '성덕'이 된다는 점에서, 우리는 자연스럽게 조성덕 교수님을 떠올리며 웃음꽃을 피웠다. 호류지의 깔끔하고 아름다운 모습에 감탄하면서도, 사찰 내부의 일부를 비공개로 하여 신비감을 더하는 전략이 인상적이었다.

이곳에서 우리 답사대원들은 서로 더욱 친밀해지는 계기를 가졌다. 처음에는 어색했던 분위기가 점차 풀어지면서, 서로의 관심사와 전문 분야에 대해 이야기를 나누는 모습을 볼 수 있었다. 호류지는 단순히 역사적 유적지를 둘러보는 것을 넘어, 우리 답사단의 결속력을 다지는 의미 있는 장소가 되었다.

호류지 견학을 마치고 우리는 도다이지로 향했다. 세계문화유산이자 유명한 좌불상이 있는 곳이라 기대가 컸다. 도다이지로 가는 길에 우리는 예상치 못한 광경을 마주했다. 수많은 사슴들이 자유롭게 돌아다니고 있었던 것이다. 마치 동화 속 한 장면 같았다.

  그러나 이 아름다운 광경이 모두에게 즐거운 것은 아니었다. 우리 답사단의 황선진 학생은 사슴을 무서워해 곤혹스러워했다. 결국 여러 답사대원들이 황 학생을 에워싸고 '경호'를 서며 겨우 절로 들어갈 수 있었다. 이 해프닝은 우리 모두에게 웃음을 주었고, 서로를 더 이해하게 되는 계기가 되었다.

  도다이지는 752년에 완성된 사찰로, 일본 화엄종의 대본산이다. 대불전에 들어서자 그 웅장함에 압도되었다. 세계 최대의 목조 건축물이라는 말이 과언이 아니었다. 그리고 그 안에 있는 청동 불좌상은 정말 거대했다. 높이가 14.98m, 무게가 약 380톤에 달한다는 설명을 들었지만, 실제로 보니 그 크기가 더욱 실감났다.

  사찰 내부를 둘러보던 중 재미있는 체험을 할 수 있었다. 아주 좁은 구멍을 통과하면 머리가 똑똑해진다는 전설이 있는 기둥이 있었는데, 많은 일본인과 중국인 관광객들이 도전했지만 실패했다. 그런데 우리 답사단의 조성덕 교수님이 도전하여 성공했다. 나는 그 순간을 카메라에 담아 답사대원들과 공유했고, 모두가 함께 웃으며 즐거워했다. 이런 작은 에피소드들이 우리의 답사를 더욱 풍성하게 만들어주었다.

  둘째 날의 마지막 일정으로 나라국립박물관(奈良國立博物館)을 방문했다. 앞선 일정들이 꽤 빡빡했기에 충분한 시간을 가지지는 못했지만, 이곳의 중요성을 고려하여 최대한 집중해서 관람했다.

1889년에 설립된 이 박물관은 일본에서 가장 오래된 국립박물관 중 하나로, 주로 7-8세기 나라 시대의 불교 미술품을 전시하고 있었다. '나라 불상관', '동쪽 신관', '서쪽 신관', '청동기관' 등 4개의 갤러리로 구성된 박물관을 둘러보며, 특히 본관인 '나라 불상관'이 그 자체로 중요문화재로 지정되어 있다는 점이 인상적이었다.

박물관에서 제공하는 설명 자료에 따르면, 이곳에는 국보 114건, 중요문화재 822건을 포함해 약 14,000건의 문화재가 소장되어 있다고 한다. 시간 관계상 모든 전시품을 자세히 볼 수는 없었지만, 가능한 일부 전시관에서 여러 국보급 문화재를 가까이서 감상할 수 있었다.

나라국립박물관의 전시품들은 매우 세련되고 체계적인 방식으로 전시되어 있어 감탄을 자아냈다. 하지만 동시에 일본의 통제적 측면을 절실히 느낄 수 있는 장소이기도 했다. 사진 촬영 금지는 기본이었고, 심지어 껌을 씹는 것조차 제한되었다. 특히 껌 통제와 관련된 에피소드가 인상 깊었다. 한 답사대원이 무심코 껌을 씹다가 직원의 주의를 받았는데, 그 직원이 실제로 껌을 뱉었는지, 삼켰는지 확인하기 위해 끈질기게 따라다니는 모습을 목격했다. 이런 집요한 통제는 문화재 보호를 위한 것이겠지만, 개인적으로는 그 정도의 통제는 다소 과도하다는 생각이 들었다.

나라에서의 일정을 마무리하며, 우리는 일본의 고대 문화와 한자의 흔적을 생생하게 체험할 수 있었다. 다음 날 우리는 우지(宇治)로 이동하여 새로운 탐험을 이어갈 예정이었다. 우지에서는 어떤 한자의 흔적과 일본 문화의 면모를 발견할 수 있을지, 기대감을 안고 하루를 마무리했다.

3. 우지(宇治)의 고요 속에서 발견한 일본 문학의 향기

세 번째 날 아침, 우리는 우지의 뵤도인(平等院)으로 향했다. 998년 후지와라노 미치나가(藤原道長)의 별장으로 시작해 1052년 그의 아들 요리미치(賴通)에 의해 사찰로 바뀐 이곳은 1994년 유네스코 세계문화유산으로 등재된 중요한 문화재이다.

사찰 입구에 들어서자 아름다운 정원과 연못이 눈에 들어왔다. 가장 유명한 건물인 봉황당(鳳凰堂)은 멀리서 바라볼 수밖에 없었다. 일반인의 출입이 제한적으로만 허용되어 있어 내부를 직접 볼 수 없었지만, 가이드의 설명을 통해 그 내부의 아름다움을 상상해볼 수 있었다. 1053년에 지어진 봉황당은 그 모습이 날개를 편 봉황을 닮았다고 하며, 내부에는 아미타불상과 아름다운 벽화가 있다고 한다. 직접 볼 수 없어 아쉬웠지만, 그 신비로움이 오히려 더 강하게 느껴졌다.

뵤도인이라는 이름은 한국어의 음절 구조와는 다소 다르게 느껴져 처음에는 발음하기 어려웠다. '뵤'와 '도'가 연속되는 발음이 생소하게 느껴졌고, 이는 일본어와 한국어의 언어적 차이를 실감하게 해주었다. 이런 이질감은 오히려 이곳의 이국적인 분위기를 더해주는 듯했다.

뵤도인의 아름다운 정원은 산책하기에 참 좋은 곳이었다. 고즈넉한 분위기 속에서 걸으며, 가족이나 연인과 함께 왔다면 더욱 좋았겠다는 생각이 들었다. 하지만 이번 답사에서는 다른 의미 있는 경험을 할 수 있었다. 평소 연구소에서 함께 일하면서도 사적으로 깊이 나누지 못했던 동료들과 차분히 대화를 나누며 걸을 수 있었다. 이 조용한 산책을 통해 우리는 서로에 대해 더 깊이 이해하게 되었고, 더욱 가까워지는 느낌을 받았다. 이는 이번 답사의 가장 소중한 기억 중 하나가 되었다.

보도인 방문을 마친 후, 우리는 서둘러 겐지모노가타리(源氏物語) 뮤지엄으로 향했다. 앞뒤 일정이 빡빡해 조금은 급한 마음으로 방문했지만, 이동 중 우연히 맛본 말차 아이스크림의 맛이 너무 좋아 인상 깊었던 기억이 남았다.

겐지모노가타리 뮤지엄은 일본 문학사의 걸작『겐지모노가타리(源氏物語)』를 테마로 한 곳이다. 입구에 들어서자 영상과 오리지널 영화를 통해『겐지모노가타리』의 세계가 펼쳐졌다. 헤이안(平安) 시대 귀족들의 화려한 의상과 세간살이, 정교하게 만들어진 로쿠조인(六條院)의 모형, 그리고 당시 사용되던 소마차 등이 전시되어 있어 마치 시간 여행을 하는 듯한 느낌이 들었다.

11세기 초 무라사키 시키부(紫式部)가 쓴 이 54권의 장편 소설은 주인공 히카루 겐지(光源氏)를 통해 헤이안 시대 귀족 사회의 모습을 생생하게 그리고 있었다. 특히 우지가『겐지모노가타리』의 후반부 배경이 된다는 설명을 들으며, 이 뮤지엄의 위치 자체가 가진 문학적 의미를 깊이 이해할 수 있었다.

겐지모노가타리가 일본 문화에서 차지하는 중요성에 대해서는 익히 들어 알고 있었지만, 실제로 그 이유를 깊이 이해하지는 못했었다. 하지만 이 뮤지엄을 방문하면서 그 이유를 조금씩 알아가기 시작했다. 이 소설이 단순한 이야기가 아니라 일본의 역사, 문화, 미의식을 총체적으로 담고 있다는 점, 그리고 그것이 현대 일본인들의 정서와 가치관 형성에도 영향을 미쳤다는 점을 깨달았다.

더불어 이런 뮤지엄의 존재가 일본 사람들에게 이 소설의 가치를 더욱 깊이 인식시키고, 자국 문화에 대한 자부심을 고취시키는 매개체 역할을 한다는 점도 알게 되었다. 이는 문화유산을 보존하고 알리는 방식에 대해 새로운 시각을 제공해주었다.

우지에서의 일정을 마무리하며, 우리는 일본 문학과 전통 문화에 대한 이해를 한층 더 깊게 할 수 있었다. 다음 목적지인 교토로 향하는 길에 우리는 이날의 경험을 서로 나누며, 앞으로의 일정에 대한 기대감을 키웠다.

4. 교토(京都), 전통과 현대가 공존하는 한자 문화의 보고

우리의 교토 답사는 3일차와 4일차에 걸쳐 진행되었다. 3일차 교토 일정에는 일본 문화의 정수와 한자 문화의 깊은 연관성을 체험할 수 있는 풍부한 일정이 들어있었다. 교토의 일정은 산주산겐도(三十三間堂)에서 시작되었다. 3일차의 빡빡한 일정 속에서 우리는 갈까 말까 고민하다 산주산겐도를 방문했다. 1164년 타이라노 키요모리(平清盛)가 세운 이 사찰은 정식 명칭이 렌게오인(蓮華王院)이지만, 본당의 길이 때문에 산주산겐도로 더 잘 알려져 있다.

사찰에 들어서자 길이 약 118m에 달하는 세계 최장 목조 건물인 본당이 눈앞에 펼쳐졌다. 본당 내부로 들어가니 정말 놀라운 광경이 펼쳐졌다. 1001체의 천수관음상이 줄지어 서 있었는데, 그 장관에 입이 다물어지지 않았다. 중앙의 거대한 좌상을 중심으로 양쪽에 각 500구씩 천수관음상이 늘어서 있었다.

가이드의 설명에 따르면, 이 불상들은 대부분 13세기 가마쿠라(鎌倉) 시대에 제작되었다고 한다. 각 불상의 표정과 자세가 모두 달라 독특한 미적 가치를 지닌다는 점이 인상적이었다. '산주산겐'이라는 이름이 본당의 기둥 사이 간격이 33칸이라는 의미에서 유래했다는 설명도 들었다.

너무나 웅장한 불상의 배열에 완전히 압도되었다. 불상을 보존한 전각의 크기, 특히 그 길이에 놀랐지만, 그 안에 있는 크고 작은 불상들의 개성적인 자태에 또 한 번 놀랐다. 각 불상의 표정과 자세가 모두 달랐는데, 마치 천 명의 다른 사람들이 모여 있는 것 같은 느낌이었다.

이 장소를 걸어 다니며, 일본 불교 미술의 정수를 직접 눈으로 확인할 수 있었다. 시간이 제한적이었음에도 불구하고, 이곳을 방문한 것이 정말 다행이라는 생각이 들었다. 산주산겐도의 경험은 일본 불교 예술의 규모와 정교함을 깊이 이해하는 귀중한 기회였다.

본래 4일차 방문 예정이었으나, 답사단이 각 지점을 꼼꼼히 둘러보는 것을 고려해 3일차 마지막 일정으로 조정된 교토국립박물관(京都国立博物館)을 찾았다. 우리는 매우 느즈막한 오후 시간에 이곳을 방문했다.

1897년에 개관한 이 박물관은 일본의 오래된 국립박물관 중 하나로, 헤이안 시대부터 에도(江戸) 시대까지의 교토 관련 미술품과 문화재를 중심으로 소장품을 구성하고 있었다. 가이드의 설명에 따르면 약 14,000점의 소장품 중 국보 114건, 중요문화재 822건을 포함하고 있다고 했다.

박물관 정원에서는 로댕의 '생각하는 사람' 조각상을 만날 수 있었는데, 이는 동서양 문화의 조화를 상징적으로 보여주는 것 같았다. 이 박물관을 통해 일본 미술사의 흐름을 한눈에 볼 수 있었다.

시간이 충분하지 않아 아주 꼼꼼히 보지는 못했지만, 전시물 각각에 한국어 설명이 모두 달려있어 인상적이었다. 특히 올해가 갑진년 용의 해라 특별히 용 특별전을 하고 있었는데, 상당한 구어체, 특히 청소년의 유행어를 가득 담은 한국어로 표현한 점이 눈길을 끌었다.

다른 장소에서 매우 통제적이고 다소 그루하게 느껴졌던 일본의 박물관들과는 달리, 교토의 국립박물관에서 이런 신선한 체험을 할 수 있어 흥미로웠다. 이는 전통과 현대를 조화롭게 융합하려는 노력으로 보였고, 관람객과의 소통을 중요시하는 박물관의 새로운 모습을 엿볼 수 있었다.

교토국립박물관 관람을 마치고 시간이 매우 제한적이었지만, 우리는 이총(耳塚)을 방문했다. 이총(耳塚)은 임진왜란 당시 일본군이 조선인의 코와 귀를 잘라 매장한 무덤이다. 도요토미 히데요시(豊臣秀吉)가 전쟁의 전과를 증명하기 위해 만든 제도와 관련이 있다. 이 장소를 보며, 임진왜란 시기 일본인들의 잔인함과 그에 대한 민족적 울분이 끓어올랐다.

특히 인상적이었던 것은 이총 바로 앞에 도요토미 히데요시(豊臣秀吉)의 신사가 있다는 점이었다. 시간 관계상, 그리고 역사적 배경을 고려해 우리는 그 신사 안으로 깊숙이 들어가지는 않았다. 이는 역사의 아이러니를 느끼게 하는 순간이었고, 한일 관계의 복잡한 역사를 다시 한 번 생각하게 해 주는 장면이었다.

교토에서 4일차 오전은 매우 중요한 일정이었다. 그것은 바로 기요미즈데라(清水寺) 때문이다. 우리는 기요미즈데라를 찾았다. 778년에 창건된 이 사찰은 '맑은 물의 절'이라는 뜻을 가지고 있다. 사찰에 도착하자마자 가장 눈에 띈 것은 높이 13m의 거대한 나무 기둥 위에 지어진 본당이었다. 가이드의 설명에 따르면, 이 건물은 못을 전혀 사용하지 않고 지어졌다고 했다. 본당의 무대에 올라 교토 시내를 내려다보니, '기요미즈의 무대에서 뛰어내린다'라는 일본 속담의 의미를 실감할 수 있었다. 사찰 내부를 돌아다니며 음양 사랑의 신을 모신 지슈 신사도 방문했는데, 많은 연인들이 찾는 모습이 인상적이었다.

오토와 폭포에서는 세 갈래 물줄기를 마셔보았다. 각각 학업 성취, 연애 성공, 장수를 상징한다고 하는데, 어떤 효과가 있을지 기대가 되었다. 1994년 유네스코 세계문화유산으로 등재된 이곳의 아름다움은 말로 표현하기 어려웠다. 비록 봄의 벚꽃이나 가을의 단풍은 볼 수 없었지만, 그 웅장함과 아름다움은 충분히 느낄 수 있었다.

기요미즈데라는 한국에서도 너무나 유명한 곳이라 많은 사람들이 가보고 싶어 하는 절이다. 개인적으로는 내가 아끼는 도자기 술잔 세트 중 기요미즈데라 술잔을 특히 애용하고 있어서 더욱 감회가 새로웠다. 정말 넓은 절 곳곳에서 볼 수 있는 절경과 절 내부의 다양한 볼거리에 시간 가는 줄 몰랐다.

장난기 많은 이해구 교수님과 함께 재미있는 연출 사진을 찍은 것도 잊지 못할 추억이 될 것 같다. 기요미즈데라로 올라가고 내려오는 길 주변에는 수많은 기념품 가게가 있었는데, 시간과 짐 때문에 살 수 없어서 아쉬웠다. 다음에 개인적으로 다시 와서 꼭 구경하고 싶다는 생각이 들었다.

이어서 우리는 일본 관광지의 골목을 느낄 수 있는 겐닌지(建仁寺)를 찾았다. 1202년 에이사이(榮西) 선사가 창건한 이 사찰은 교토 최초의 선종 사찰로, 임제종 겐닌지파(臨濟宗建仁寺派)의 대본산이자 교토 고잔(五山) 중 제3위에 위치한 중요한 곳이다.

사찰 내부에 들어서자 두 개의 가레산스이(枯山水) 정원이 눈에 들어왔다. 돌과 모래로 만든 이 정원들은 방문객들에게 고요한 명상의 공간을 제공하고 있었다. 겐닌지의 가장 유명한 예술품인 다와라야 소타쓰(俵屋宗達)의 '풍신뇌신도병풍(風神雷神圖屛風)'은 아쉽게도 복제품이었지만, 그 웅장함과 아름다움은 충분히 느낄 수 있었다.

특히 인상적이었던 것은 2002년에 고이즈미 쥬나쿠(小泉淳作)가 그린 천장의 쌍룡도(雙龍圖)였다. 전통적인 사찰 건축에 현대적 요소가 더해져 독특한 분위기를 자아내고 있었다. 이곳에서 일본 선종의 역사와 예술이 조화롭게 어우러진 모습을 볼 수 있었다.

이 장소에서는 함께 간 미술 전공 교수들의 도움이 매우 컸다. 이해구 교수님은 각 지점의 색감에 대해 상세히 설명해 주셨는데, 특히 '풍신뇌신도병풍'의 금빛 배경과 신들의 생동감 있는 색채 대비에 대한 해설이 인상적이었다. 오선애 교수님은 건축에 관한 흥미로운 내용을 많이 들려주셨다. 특히 겐닌지의 전통적인 건축 양식과 현대적 요소가 어떻게 조화를 이루고 있는지에 대한 설명이 매우 흥미로웠다.

두 분의 전문적인 해설 덕분에 우리는 겐닌지를 단순히 보는 것을 넘어 깊이 있게 이해할 수 있었다. 이런 전문가들과 함께하는 답사의 장점을 다시 한 번 실감할 수 있는 순간이었다.

그리고 4일차 오후, 우리는 이번 답사에서 내가 가장 기대했던 한검한자박물관(漢檢漢字博物館)을 방문한 이야기도 덧붙인다. 지역인문학센터장으로서 우리 대학의 한자문명창의체험관을 책임지고 있는 나에게는 특별한 의미가 있는 곳이었다.

2016년 교토에 개관한 이 박물관은 세계 최초의 한자 전문 박물관이다. 1층에 들어서자 백제(百濟) 왕인(王仁) 박사의 한자 전수부터 시작되는 일본 한자의 역사가 다양한 유물과 그림으로 전시되어 있었다. 특히 한중일 공용 한자 808자를 소개하는 코너가 인상적이었는데, 이를 통해 동아시아 문화권의 공통점을 실감할 수 있었다.

2층은 체험 공간으로 구성되어 있어 흥미로웠다. 갑골문자(甲骨文字)를 활용한 디지털 프로그램, 한자 관련 게임 등 다양한 방식으로 한자를 접할 수 있게 해놓았다. 이 공간을 통해 한자 문화의 깊이와 넓이를 실감할 수 있었고, 동아시아 문화의 근간을 이해하는 데 큰 도움이 되었다.

한자에 대한 일본인들의 기본적인 관심도 놀라웠지만, 한검(漢檢)이라는 조직에서 이렇게 많은 노력을 기울이고 있다는 점에 경탄할 수밖에 없었다. 특히 어린이를 위한 콘텐츠가 다양했던 점이 인상적이었다. 남녀노소 여럿을 만족시킬 만한 콘텐츠와 전시가 많아서 우리 답사단의 개별적인 움직임 속도가 모두 엄청 빨라졌던 점도 재미있었다.

이런 경험을 통해 우리 한자문명창의체험관에 반영할 수 있는 아이디어들이 많이 떠올랐다. 예를 들어, 한자의 역사를 인터랙티브한 방식으로 보여주는 전시나, 한자 게임을 통한 학습 프로그램 등을 도입해볼 수 있을 것 같다. 또한, 한중일 공용 한자를 활용한 문화 교류 프로그램도 기획해보고 싶다는 생각이 들었다. 이번 방문은 우리 체험관의 발전 방향을 모색하는 데 큰 도움이 될 것이다.

5. 오사카(大阪), 역사의 풍파를 견딘 도시의 이야기

마지막 날, 우리는 오사카의 주요 명소를 방문했다. 하지만 예상치 못한 날씨 변화로 인해 계획대로 진행하기 어려웠다. 아침 일찍 시텐노지(四天王寺)로 향했다. 593년 쇼토쿠 태자가 창건한 이 사찰은 일본 불교 최초의 관궁사로, 1400년이 넘는 역사를 자랑한다. '시텐노지식 가람 배치'라 불리는 독특한 양식의 이 사찰은 남쪽에서 북쪽으로 중문, 5층탑, 금당, 강당이 일직선상에 놓여 있다.

사찰 내에는 여러 중요문화재가 있었는데, 특히 석조 도리이(石造鳥居), 로쿠지도(六時堂), 혼보니시쓰요문(本坊西門) 등이 눈길을 끌었다. '보물관'에서는 국보로 지정된 '센메이호케쿄삿시(泉明法華經冊子)' 등 귀중한 불교 미술품들을 볼 수 있었다. 하지만 아쉽게도 이른 새벽부터 내리기 시작한 비로 인해 충분히 관람하지 못했다. 그럼에도 불구하고, 비 오는 날의 사찰이 주는 고즈넉한 분위기를 만끽할 수 있었다. 빗소리와 함께 들리는 종소리, 안개에 싸인 탑의 모습 등이 특별한 감동을 주었다. 일정상의 제약과 날씨 문제로 깊이 있게 관람하지 못한 것은 아쉬웠지만, 오히려 이런 상황이 시텐노지만의 독특한 매력을 느낄 수 있게 해준 것이다.

비가 더욱 거세지는 가운데 우리는 오사카성으로 향했다. 1583년 도요토미 히데요시가 건립한 이 성은 일본의 3대 명성 중 하나로 꼽힌다고 한다. 현재의 천수각(天守閣)은 1931년 시민들의 성금으로 재건되었다는 점이 인상적이었다.

5층 8단 구조의 천수각은 높이가 55m에 달했다. 금박과 백색 벽이 조화를 이룬 외관은 비에 젖어 더욱 빛나 보였다. 내부의 덴슈가쿠 박물관(天守閣博物館)에서는 오사카성의 역사와 도요토미 히데요시의 생애를 소개하는 전시를 볼 수 있었다. 특히 히데요시의 황금 다실 복원 모형과 다양한 무기, 갑옷 등이 인상적이었다.

8층 전망대에서 바라본 오사카 시내 전경은 비로 인해 흐릿했지만, 그 나름의 매력이 있었다. 성 주변의 니시노마루 정원(西之丸庭園)은 600그루의 벚나무로 유명하다고 하는데, 아쉽게도 우리는 그 아름다움을 제대로 감상할 수 없었다.

그런데 이날의 하이라이트는 따로 있었다. 비가 억수같이 쏟아지는 가운데, 우리 일행의 우산 사정이 코믹한 상황을 만들어냈다. 나는 우산을 준비해 왔지만, 조성덕 교수님과 기유미 교수님은 우산이 없었다. 결국 우리 셋이 한 우산을 함께 쓰고 다니는 진풍경이 연출되었다. 크지도 않은 우산을 셋이 썼으니 셋 모두 비를 쫄딱 맞았음은 물론이다.

특히 기억에 남는 건 조성덕 교수님의 '변신'이었다. 비가 처음 내리기 시작했을 때, 조성덕 교수님이 니트를 머리에 뒤집어쓰신 모습이 마치 일본 귀신 '가소우미'를 연상케 해서, 저도 모르게 스마트폰으로 찍어 단체 채팅방에 공유했다. 이 사진 덕분에 비로 인한 우울한 분위기가 한순간에 웃음바다로 바뀌었다.

결국 우리 모두는 비에 흠뻑 젖었지만, 이 우스운 상황들 덕분에 오히려 더 즐거운 추억을 만들 수 있었다. 오사카성의 웅장함과 우리의 우스꽝스러운 모습이 어우러진 이 날의 경험은 오래도록 기억에 남을 것 같다.

6. 간사이 지방을 넘어, 한자 문화의 미래를 향해

간사이 지방을 돌아보며 진행한 한자로드의 다섯 번째 여정이 막을 내렸다. 나라(奈良), 우지(宇治), 교토(京都), 오사카(大阪)를 거치며 우리는 일본 문화의 정수와 한자 문화의 깊은 연관성을 체험할 수 있었다. 이번 답사는 단순한 여행을 넘어 동아시아 문화의 근간을 이해하는 귀중한 기회였다. 첫 방문지였던 나라에서 우리는 만요슈의 세계에 빠져들었고, 호류지와 도다이지를 통해 일본 불교 미술의 정수를 감상했다. 우지에서는 겐지모노가타리의 세계를 체험하며 일본 문학의 깊이를 느꼈고, 교토에서는 전통과 현대가 공존하는 일본 문화의 다양성을 목격했다. 마지막 방문지였던 오사카에서는 시텐노지와 오사카성을 통해 일본의 역사와 우리나라와의 복잡한 관계를 되새겨볼 수 있었다.

특히 이번 답사에서 가장 인상 깊었던 것은 한자가 일본 문화 전반에 미친 영향이었다. 만요가나에서 시작해 현대 일본어에 이르기까지, 한자는 일본어의 발전과 깊은 관련이 있었다. 또한 불교 사찰의 현판, 문학 작품, 심지어 현대 도시의 간판에 이르기까지 한자의 흔적을 곳곳에서 발견할 수 있었다. 이는 한자가 단순한 문자 체계를 넘어 동아시아 문화의 핵심적인 요소임을 다시 한 번 확인하는 기회였다.

이번 답사는 학술적인 측면에서도 큰 의미가 있었다. 특히 한검한자박물관 방문은 우리 대학의 한자문명창의체험관 운영에 많은 영감을 주었다. 일본의 한자 교육 방식과 전시 기법은 우리에게 새로운 아이디어를 제공했고, 앞으로의 발전 방향을 모색하는 데 큰 도움이 될 것이다.

또한 이번 답사는 우리 연구소 구성원들 간의 유대를 강화하는 기회이기도 했다. 함께 걸으며 나눈 대화, 식사 시간의 토론, 그리고 오사카성에서의 우스꽝스러운 경험 등은 우리를 더욱 가깝게 만들어 주었다. 특히 각 분야의 전문가들이 자신의 지식을 나누는 모습은 이런 답사가 왜 필요한지를 잘 보여주었다.

하지만 아쉬운 점도 있었다. 빡빡한 일정으로 인해 각 장소를 충분히 둘러보지 못한 점, 마지막 날의 궂은 날씨로 인해 오사카에서의 일정이 다소 제한된 점 등은 앞으로 개선해야 할 과제로 남았다. 또한 일본의 역사적 장소를 방문하면서 느낀 복잡한 감정들은 우리가 앞으로도 계속 고민하고 연구해야 할 주제임을 일깨워주었다.

이번 한자로드 다섯 번째 여정은 끝났지만, 우리의 연구와 탐구는 계속될 것이다. 이번 답사에서 얻은 경험과 깨달음을 바탕으로, 우리는 한자 문화에 대한 이해를 더욱 깊게 하고, 이를 통해 동아시아 문화의 본질에 한 걸음 더 다가갈 수 있을 것이다. 앞으로도 계속될 한자로드 프로젝트를 통해, 우리는 한자 문화의 과거와 현재, 그리고 미래를 탐구해 나갈 수 있기를 희망한다.

마지막으로, 지면을 통해 이번 답사를 위해 애써주신 모든 분들께 감사드린다. 준비위원회의 노고, 전문가 선생님들의 열정적인 해설, 그리고 모든 참가자들의 적극적인 참여가 있었기에 이번 답사가 성공적으로 마무리될 수 있었다. 이제 우리는 한자로드의 여섯 번째 여정을 기대하며, 이번 답사기를 마친다.

8

간사이(關西) 지역

조성덕

이번 답사는 간사이 지역에 있는 박물관과 유적이다. 주요 답사지는 나라(奈良)의 만요(万葉)문화관, 호류지(法隆寺), 헤이조쿄궁(平城宮), 나라국립박물관, 도다이지(東大寺), 교토(京都)의 우지 뵤도인(平等院), 겐지모노(源氏), 산주산겐도(三十三間堂), 교토국립박물관, 기요미즈데라(淸水寺), 고소(御所), 한검한자박물관(漢檢漢字博物館), 겐닌지(建仁寺), 시텐노지(四天王寺), 오사카성(大阪城) 등이다.

1. 만요문화관

시내에서 멀리 떨어진 이유 때문인지는 몰라도 문화관을 방문했을 당시 우리팀 이외에는 아무도 없었다.

문화관은 지하 1층과 지상 1층으로 되어 있다. 지하 전시관 복도에는 만엽 시기 일본의 고지도와 유적에 대한 상세 설명이 있다.

지하 전시관에는 12종의 만엽집 사진과 함께 아래에 간략한 설명이 있었다. 처음 목판으로 출판했던 에도시기의 만엽집은 초서(草書) 형태의 한자로만 되어 있고 훈(訓)이 없었다. 이후 1643년에 관영판본(寛永版本)과 1709년에 보영판본(宝永版本)이 간행되었는데 이 판본은 후세에 큰 영향을 주었다. 가장 큰 특징은 제목을 제외한 본문을 해서(楷書)로 표기하고 오른쪽에 가나로 음(音)을 표기한 것이다. 아래에는 1643년에 간행된 관영판본(寛永版本)과1709년에 간행된 보영판본(宝永版本) 등 만엽집 고서가 전시되어 있다. 바로 옆에는 만엽의 계보도가 있다.

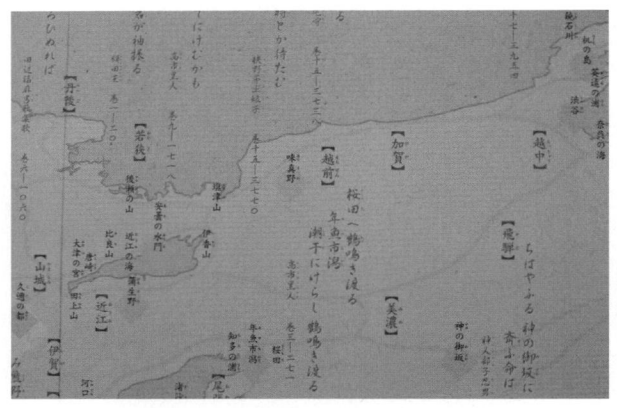

전시실에는 7세기 후반에서 8세기 초의 아스카지(飛鳥寺池) 공방(工房) 유적에서 유물을 통해 1991년 발굴된 당시 공방에서 금, 은, 동, 철 등으

로 만든 유물과 칠(漆), 옥(玉), 목간(木簡) 등과 관련된 자료를 전시하고 있다. 또한 이 공방에서는 일본 최고의 동전인 후혼센(富本錢)도 전시되어 있다. 일반전시실에는 당시 생활상을 알 수 있게 모형을 전시하고 있다.

1층에는 <万葉歌人から たどとる万葉集: 7인의 만엽 가인(万葉歌人)을 따라가는 만엽집(万葉集)>이라는 주제로 전시회가 열리고 있었다. 이 7인 중에는 승려 1명과 여성 2명도 포함되어 있다. 전시관은 사진 촬영을 할 수 없었고, 시간 관계상 자세한 내용을 기록할 수 없었다. 다만 제목과 그림이 함께 있어 대략적인 내용을 이해할 수 있다.

만엽문화관 중앙에는 농업용수를 사용하던 아스카지(飛鳥池)에서 발굴된 공방(工房) 유적이 남아 있다. 문화관에서는 이 유적의 일부를 실물 크기로 복원하여 야외에 전시하고 있다. 현재 나라현과 해당 시에서는 이 유적을 세계문화유산에 등재하기 위한 작업을 진행하고 있다.

2. 헤이조코궁(坪城宮)

헤이조코궁은 동서남북으로 약 1 킬로미터에 달하는 정방형이다. 정문과 궁전 건물은 철도를 경계로 분리되어 있으며, 현재 <헤이조코궁적자료관(平城宮跡資料館)>에는 왼쪽 전시실에 유물이 전시되어 있다.

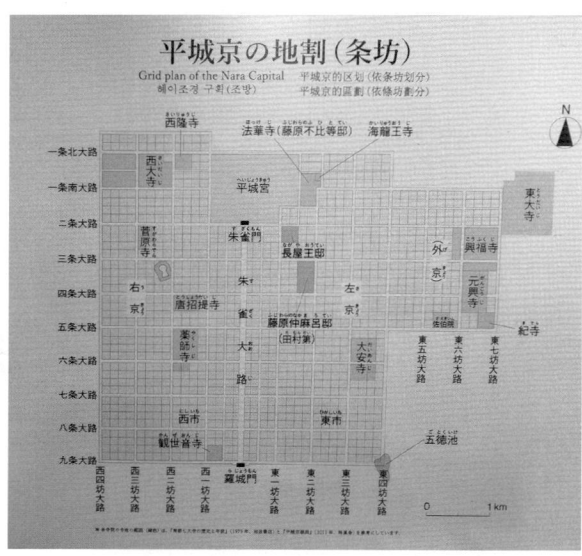

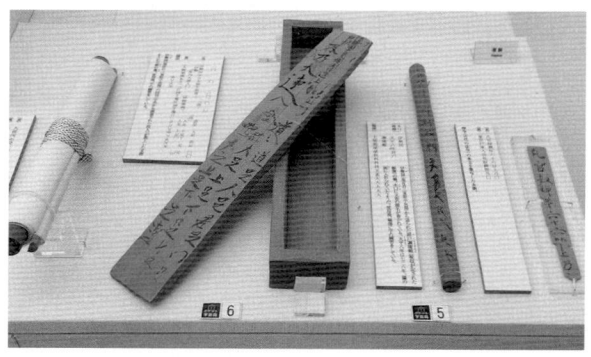

전시실은 <목간 연구실(木簡硏究室)>, <목기금속 연구실(木器金屬硏究室)>, <토기연구실(土器硏究室)>, <와연구실(瓦硏究室)>이라는 이름으로 되어 있다. <목간 연구실> 코너에는 헤이조도궁과 헤이조쿄에서 출토된 많은 목간을 전시하고 있는데, 사람 키만큼 큰 목간부터 손가락만큼 작은 것까지 다양한 크기의 목간 약 30건을 설명과 함께 전시하고 있다.

국립경주박물관 신라 벼루

헤이조쿄궁 자료관 일본 벼루

<토기연구실> 코너에는 파편을 붙여서 복원한 토기들을 연대순으로 배열하고 제작방법과 생산지를 표기하였다. 유물 중에는 당나라, 발해, 신라의 토기도 포함되어 있어 당시 국제교류의 상황을 확인할 수 있다.

이 중에는 중국의 당삼채(唐三彩)를 모방한 나라삼채(奈良三彩)도 보이는데 색상이 당삼채에 비해 색상이 선명하지 않다. 그릇 중에는 한국이나 중국에서 보지 못한 특이한 것들도 포함되어 있다.

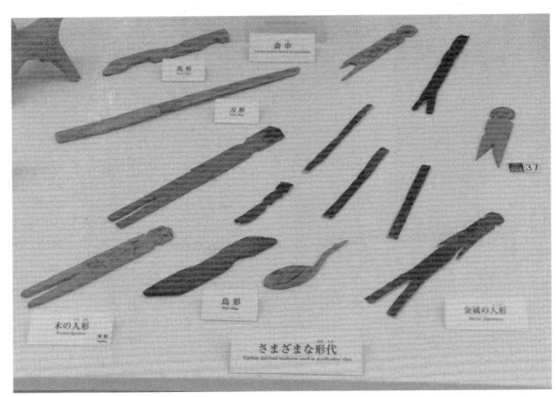

<목기연구실>에는 금속과 나무로 만든 납작한 다양한 형태의 인형(人形)들이 있었다.

3. 나라국립박물관(奈良國立博物館)

나라박물관은 구관과 신관으로 구분되어 있다. 신관이 주로 특별전시장으로 이용되는데, 이날 신관은 휴관이었다. 구관은 크게 본관의 <불상관>과 별관의 <청동기관>으로 구분되어 있다.

<불상관>은 전시물에 따라 사진 촬영 여부가 결정된다. 예전에 갔을 때는 중앙의 금강역사 입상만 찍을 수 있었으나 이번에는 다행스럽게도 나라박물관 소장 유물을 자유롭게 촬영할 수 있었다. 특히 나라국립박물관에는 중국, 한국의 유물도 포함되어 있다.

일본의 불상 조각은 시기에 따라 사용된 재료에 차이가 있다. 예를 들어 목조 불상을 만들 때 나라시대부터 헤이안시대 초기까지는 비자나무를 주로 사용하였다. 헤이안시대 후기부터는 노송나무를 많이 사용하였으며, 목재 이외에도 금석, 돌, 건칠, 점토 등을 사용하였다. 아스카(飛鳥)시대부터 나라(奈良)시대까지는 다양한 소재를 이용하여 조각품을 만들었다. 불상의 체형, 표정, 복식에 표현된 주름 등 섬세한 표현은 각 시대마다 표현의 차이가 있음을 확인할 수있다.[1]

전시관 중앙의 넓은 자리에는 일본 남북조시대 연원(延元) 4년(1339년)에 하나의 통나무를 깎아서 만든 2개의 금강역사 입상이 배치되어 있다. 원래는 나라시 금봉산사(金峰山寺)에 있었다고 한다. 두 개의 입상은 각각 바라보는 시선의 방향이 다르며, 높이는 약 5m 이상으로 매우 박진감 있게 느껴진다.

왼쪽 전시관에는 교토부(京都府) 가메오카시(龜岡市) 오오미야 신사(大宮神社)에 전해진 것으로 헤이안 시대(10세기)에 만들어진 관음보살 입상(觀音菩薩立像), 중국 북제(北齊)~수(隋) 때 만들어진 방형독존좌상전불(方形獨存坐像塼佛), 나라현 타치바나데라(橘寺)에서 전해진 아스카시대(7세기) 화두형 삼존전불(火頭形三尊塼佛), 미에현(三重縣) 나츠미하이지(夏見廢寺)에서 출토된 아스카 시대 소형독존전불(小形獨存塼佛), 아스카 시대에 탄생된 석가불입상(誕生釋迦佛立像), 중국 오호십육국 시대(4~5세기)의 여래좌상(如來坐像) 등이 있었다. 오른쪽 전시관에는 헤이안 시대(12세기)의 대위덕왕명기우상(大威德明王騎牛像), 헤이안 시대 나라현 야쿠시지(藥師寺)에서 만든 나무에 채색

---

1   나라박물관 설명서 〈조각〉 참고.

과 금칠을 한 신룡상(神龍像) 등이 전시되어 있었다.

이외에도 한쪽에는 파손된 불상의 일부분을 개인이 모은 컬렉션 중 100점을 전시하고 있었다. 전시품은 몸체와 대좌, 광배 등의 소재로 제작된 불상의 일부분과 복장품, 지물, 장신구 등으로 구성되어 있다. 시기적으로는 아스카 시대부터 가마쿠라 시대까지 다양하다.

꼭대기에 말머리 형상이 있는 마두관음보살좌상(馬頭觀音菩薩坐像), 십일면관음상두상면(十一面觀音像頭上面), 판제지장보상살(板製地藏菩薩像), 흉식(胸飾), 관식(冠飾), 수식부속령(垂飾附屬鈴), 보관(寶冠) 일부, 천부지물(天部持物) 일부, 기악면두부(伎樂面頭部) 일부, 광배부속비천(光背附屬飛天), 광배부속공양보살(光背附屬供養菩薩), 광배부속화불(光背附屬化佛), 연화좌(蓮華坐) 일부, 연변(蓮弁)², 대위덕명왕상(大威德明王像) 오른쪽 다리, 부동명왕상(不動明王像) 왼팔, 신장형상(神將形像) 왼팔, 천부상(天部像) 왼팔, 보살상(菩薩像) 오른팔, 천부형상(天部形象) 오른손 끝부분, 가마쿠라 시대(14세기)에 만들어

---

2 연의 꽃잎을 가리킨다. 불교에서 대좌(台座)나 광배(光背) 등 불상에 장엄함을 표현하는 데 사용하며 문양으로도 쓴다.

진 길상천의상(吉祥天倚像) 등이 전시되어 있다. 이곳에 있는 유물은 거의 사진 촬영이 가능하다.

불상관 관람을 마치고 복도를 따라 별관으로 가면 <청동기관(青銅器館)>이 있다. <청동기관>에는 중국고대청동기 명품전이 진행 중이다. 이곳에 전시된 청동기는 일본의 청동기가 아니고 모두 중국 고대청동기이다. 유물 전시가 시작되는 곳에 <중국고대청동기(中國古代青銅彝器)>라는 설명서가 있다.

중국 하남성 언사(偃師)의 이리두(二里頭)유적, 정주(鄭州)의 상성(商城)유적, 안양(安陽)의 은허(殷墟) 등 세 개의 대규모 유적은 각각 하나라, 상나라 전기, 상나라 후기의 도읍으로 추정하는 연구자들이 많다. 초기국가의 왕은 천지일월, 자신의 조상신, 천제(天帝)에게 제사하는 것이를 중요한 일이었다. 조상신을 제사지내는 종묘에서는 제사에 사용되는 제기를 마련하였다. 청동으로 만든 기물의 종류는 세계에서 찾아볼 수 없는 높은 수준으로 발달했는데, 서주시기와 춘추전국시기까지 계승되었다. 청동제기는 삼거나 찌는 데 쓰는 기구, 술을 마시는 세트 등 다양한 종류가 있으며, 유행하는 기물의 종류와 조합은 시대에 따라 조금씩 변화했다.

전시 순서는 크게 <청동기의 始作>, <戰國秦漢代의 鼎>, <각종 炊器와 竈>, <春秋戰國時代의 壺類>, <青銅器의 衰退>로 구성되어 있다. 전시관은 왼쪽에서 오른쪽으로 관람하게 되어 있다. 중앙에는 상대 말기~주대 초기의 도철문대정(饕餮文大鼎)과 봉황문유(鳳凰文卣), 상대 후기의 치효문유(鴟梟文卣), 서주 전기의 대미도철문궤(大眉饕餮文簋), 서주 후기의 곤선문호(曲線文壺) 등 화려한 대형 청동기 다섯 기(基) 전시관 중앙에 별도로 전시되어 있다.

맨 처음 만나는 청동기는 작(爵), 가(斝), 각(角), 고(觚), 치(觶), 준(尊) 등과 같이 술과 관련된 주기(酒器)이다.

력(鬲)

다리가 3개인 기물(器物) 중 몸체부터 발까지 전체가 주머니 형태인 것을 력(鬲)이라고 하는데, 신석기시대 후기에 출현한 흙으로 만든 '력'은 이리두문화(二里頭文化) 이후 황화 진성(溱城)을 중심으로 최초로 보급된 취사도구로 장식성이 부족했으나 그 종수는 적지 않다고 한다.

<청동력(靑銅鬲)>

'력'은 원형의 정(鼎)과 모양이 비슷하지만 정(鼎)과 가장 큰 차이는 '력'은 3개의 다리 속이 비어있고 원뿔형의 다리가 위에서 아래로 갈수록 좁아지는 것이다. 다리가 비어있기 때문에 음식을 조리할 때 빨리 끓는 장점이 있다. 서주시기에는 네모난 형태의 '력'도 출현했는데 몸체가 장

방형으로 생겨 기물 아래에 직접 불을 피워 조리를 할 수도 있었다. '력'은 상대 초기에 출현하여 전국시대 중기에 차츰 줄어 들었다.

력(鬲)의 이체자는 성부를 추가한 歷,³ 鬳, 鬸 등과 의부를 대체한 鍋, 甋 䥶 등 다양하다.

작(爵)

청동으로 만든 '작(爵)'은 이리두문화 시기에 출현하였으며 청동 이기(彝器) 중에 가장 오랜 역사를 가지고 있다. '작'은 술을 데우는 데 사용한 기물로 3개의 다리와 손잡이, 따르는 입구는 작으면서도 길게 만들었다. 상대 전기의 '작'은 밑이 평평한 형태였으나 상대 후기의 '작'은 기술의 발달로 인해 밑이 둥근 형태가 주를 이루었다. 그리고 술을 따르는 주둥이[流]와 꼬리[尾] 부분이 있는데 중간에 2개의 뿔 모양 기둥이 있다.

<청동작(靑銅爵)>

---

3   센노 리큐(千利休): https://www.cyber-world.jp.net/sen-no-rikyuu/

청동으로 만든 작(爵)은 처음에는 가운데 튀어나온 기둥이 없었고, 이후 1개의 기둥이 있는 형태와 2개의 기둥이 있는 형태로 발전한 것으로 보인다. 술을 따뜻하게 데울 수 있게 발과 기물의 사이는 높이가 벌어져 있다. 데운 술을 옮길 수 있게 손잡이가 달려 있다.

작(爵)은 언뜻 보면 다리가 3개인 가(斝)와 모양이 비슷하지만 가(斝)에는 류(流)와 미(尾)가 없다.

작(爵)의 이체자는 모양이 유사한 𩰤, 𩰪, 𩰨 등과 모양이 구조가 다른 㸑, 㸖, 㸗 등 다양하다.

고(觚)

고(觚)는 작(爵)과 함께 사용된 제사용 음주기(飮酒器)이다. 상대 전기에 출현하여 작과 반드시 함께 사용되었으며 상대 후기에 가장 성행하였다. 十자 형태의 구멍이 있으며 권족(圈足)이다. 넓은 아가리를 가지고 있는 것이 특징이다.

고(觚)는 이리두문화 시기에 처음 출현해서 상대와 서주 초기에 성행하였으며 서주 중기부터는 드물게 나타난다.

아가리와 밑 부분은 모두 나팔 모양으로 되어 있다. 『논어(論語)』에서 공자가 말한 "고불고 고재고재(觚不觚 觚哉觚哉)"라고 한 고(觚)가 바로 이

기물이다. 네 개의 모서리에 화살나무처럼 돋아난 모서리가 특징이다. 대부분의 '고'는 원형인데 네모난 형태도 있다. 청나라 때까지 도자기로 만들어질 정도로 그 명맥을 유지하였다. 그러나 공자가 말했던 것처럼 '고'의 모양이 일정하지 않아 모양을 보고 고(觚)인지 판단하기가 쉽지 않은 것도 많다. 언뜻 보면 치(觶)나 준(尊)과도 비슷해 보인다.

고(觚)의 이체자는 의미 구건을 대체한 瓡, 성부를 대체한 觚 등이 있다.

치(觶)

치(觶)는 아랫부분이 네모나고 둥글게 부푼 형태의 작은 형태의 컵으로, 뚜껑이 있는 것도 있다. 상대 후기에 출현하였으며 서주 시기에 들어와서 '치'는 고(觚)를 대신하여 유행하였다고 한다.

치(觶)는 크게 3가지 유형이 있다. 첫 번째는 상대에 유행한 것으로 작은 병(瓶) 모양이며 큰 것은 뚜껑이 있다. 두 번째는 서주 시기에 출현한 것으로 네모난 기둥 모양이다. 세 번째는 춘추 말기에 출현한 것으로 긴 몸에 모양은 고(觚)와 비슷하다. 그렇기 때문에 후대에 그 모양을 보고 그 이름을 정확하게 알기가 어렵다.

치(觶)의 이체자는 성부를 대체한 觗, 觝, 觡와 구조가 다른 觵 등이 있다.

가(斝)

가(斝)는 이리두(二里頭) 시기, 상대 전기[二里岡時期], 상대 후기를 통틀어 중요시된 이기(彝器) 중 하나로 술을 데우는 기물이다. 가(斝)는 왕의 무덤과 중요한 귀족의 무덤에서 출토된 것을 볼 때 귀중한 것으로 여겨진다. 가(斝)는 상대 후기를 지나면서 만들지 않았으며 서주시기에는 사라지게 되었다고 한다.

<청동가(靑銅斝)>

가는 다리가 3개이며 아가리에 튀어나온 부분이 없는 형태에서 시작하여 1개 있는 형태, 2개 있는 형태로 변화하였다. 1개의 경우 손잡이 반대쪽에 기둥처럼 튀어나온 것이 있었으며, 2개의 경우는 양손잡이의 정면 앞쪽에 있는 경우와 양쪽의 정중앙에 대칭으로 붙어 있는 경우도 있었다. 나라박물관에 소장된 가(斝)의 경우 튀어나온 것이 양쪽 정중앙에 크게 붙어 있다.

술을 따르는 아가리[流]와 꼬리[尾]가 없는 것이 작(爵)과 구별되는 점이다. 도기(陶器)로 만든 가(斝)의 경우 토기의 무게를 견디기 위해서인지 양쪽에 손잡이가 있는 경우도 있다.

가(斝)의 이체자는 아랫부분이 다른 斝 등이 있다.

이무기 문양이 있는 뢰(罍)

이 뢰(罍)는 전국시대 중기에 만들어 진 것으로, 염부(鹽缶), 욕부(浴缶)의 별명이 있다. 기물은 큰 어깨부분에 짐승의 머리로 양쪽의 귀를 붙였는데, 이것은 이전 시기의 특징이 남아 있는 것이다. 기물의 몸체는 낮고, 아랫부분의 환(環)이 생략되었다. 이무기 문양도 囧 문양이 변하여 둥근 쟁반 문양이 되었다. 이것이 상대와 주대에 명맥을 유지한 사례이다.

뢰(罍)는 고대에 술을 담는 기물이다. 무게는 이(彝)에 비해 약간 가벼우며, 형태는 네모 형태와 둥근 형태 두 종류가 있다. 상대 말기에는 네모 형태의 뢰(罍)가 출현하였으며, 둥근 형태의 뢰는 상대와 주대 초기에도 있었다. 상대에서 주대를 거치며 뢰의 형태는 날씬하고 높은 형태에서 작은 형태로 바뀌었고, 복잡한 도안도 차츰 적어져 소박하고 단아한 형태로 변했다. 상대 말기에 처음 사용하여 서주 때 유행하였으며, 전국시대까지 사용되었다. 주대에 출토된 유물 중 청자 뢰(靑瓷罍)도 있다.

뢰(罍)의 이체자는 罍의 변형인 𦉜와 의부를 대체한 櫑, 鐳, 蠝 등이 있다.

궤(簋)

궤(簋)는 곡물을 담는 데 사용한 기물로 바리 모양이다. 양쪽에 손잡이[귀]가 붙어 있다. 청동으로 만든 궤(簋)는 상대 전기에 출현하여 상대 후기에는 그 사례가 드물게 나타난다. 해당 컬렉션 중에는 발전 단계에 해당하는 매우 드문 궤(簋)도 포함되어 있었다. 서주 시기의 궤(簋)는 비교적 문양과 장식이 많은데 그 기물의 종류로 상당히 중요하게 여겼음을 알 수 있다.

궤(簋)는 고대에 음식을 담던 그릇이다. 청동 궤(簋)는 귀족들의 생활에서 정(鼎)과 함께 사용하였다. 정(鼎)은 고기를 담는 데 사용하고 궤(簋)는 서직[곡식]을 담는 데 사용하였다. 청동 궤(簋)는 상대 초기에 출현하여 전국시대까지 계속 사용되었다.

『시경(詩經)』「주풍(秦風) 권여(權輿)」에 "예전엔 나에게 사궤를 늘 먹게 해 주더니 이제는 배불리 먹지도 못하도다. [於我乎每食四簋今也每食不飽]"라고 한 것이 바로 이 궤(簋)이다.

궤(簋)의 이체자는 匚이 포함된 匦, 匭, 匦, 匦와 食이 포함된 毁, 毁, 盘, 의부를 대체한 蓋, 机 등이 있다.

전국시대, 진대, 한대의 정(鼎)

설명이 거의 없는 한국 박물관과 너무 장황한 중국에 비해 일본 나라 국립박물관 청동기관의 설명은 간단명료한 것이 특징이다.

춘추 중기 이후의 정(鼎)은 대부분 뚜껑이 있으며 'L'자형으로 굽은 손잡이가 주둥이 양쪽에 있는 것이 새로운 특징이다. 뚜껑에는 작은 돌기가 있는데 거꾸로 놓으면 다리가 3개인 얕은 그릇이 된다.

춘주 전국시대 호류(壺類)

유(卣)는 서주부터 전국시기에 적은 변화가 일어났다. 목 부위는 잘록하고 배 부분은 넓은 호(壺)가 다양하게 전개되었다. 본체에는 장식이 없으며 어깨 부위에는 짐승머리 형태의 손잡이인 포수(鋪首)가 장식되었는데, 이것은 전국시대부터 한대까지 정형화 되었으며 종(鍾)이라고 부르는 기물이 성립되었다.

청동기의 쇠퇴

진시황제가 중국을 통일한 이후 문화적인 면도 통일하려는 기조가 높아졌다. 마늘머리모양 병[蒜頭壺]과 같은 특징의 기물이 전국에 널리 퍼졌는데, 그 시기의 청동기는 이미 제사를 지내는 용도의 예기(禮器)와 부장품의 용도로 사용하는 경우가 많았다. 그리고 전한(前漢) 시기에 장례를

간소하게 치르라는 박장령(薄葬令)이 발표되자 청동기의 부장이 제한되면서 칠기(漆器)나 채회토기(彩繪土器)가 그 역할을 대신하게 되어 마침내 청동기는 사라지게 되었다.

복(鍑)

- 춘추전국 시대에는 주변 민족도 독자적인 문화를 발달시켰다. 늘 한족을 지속적으로 위협하던 기마민족인 유목민은 경계 지역에서 반농반목을 하던 사람들로 독자적인 청동기를 만들었다. 복(鍑)은 그중의 하나로 중원의 정(鼎)과 비슷하게 양쪽에 귀가 있다. 원추형의 둥근 다리는 중원의 특징이다. 이런 형식의 복(鍑)은 비교적 오랜 기간 동안 북방에서 사용되었다.

이번 답사를 다녀온 후 박물관을 어떻게 관람하고 어떻게 관람해야 하는지에 대해 다시 한번 생각하는 계기가 되었다. 우리가 청동관에서 기물의 특징을 설명하고 있을 때, 한 무리의 한국 대학생들이 몰려와서 30초 동안 한 바퀴 돌더니 친구들에게 "야, 이게 다야. 가자"라고 하며 나갔다. 사람마다 생각이 다르고 취미가 다를 수 있다고는 생각하지만 그래도 마음 한구석이 허전하였다. 대부분의 설명이 일본어와 영어로 되어 있으나 전체적인 소개는 한글로도 되어 있는데, 최소한 한글로 된 것이라도 읽어봤으면 하는 아쉬움이 남았다. 여느 일본의 박물관과 다르게 나라 박물관 청동관은 모든 유물의 촬영이 허락된 곳이기도 하고, 그 학생들이 우리나라 사람이기 때문에 더 마음이 쓰였던 것 같다. 다른 나라 사람들도 별반 차이가 없는 데도 말이다.

9

소중한 순간, 소중한 인연

: いちご いちえ(一期一会)

진미리

'이치고 이치에 いちご いちえ(一期一会)'는 16세기 후반 일본의 승려이자 정치가였던 센노 리큐(千利休)[1]가 다도의 마음가짐에 대해서 한 말로, 차를 대접하는 사람도, 대접받는 사람도 서로 정성을 다하라는 뜻으로 '일생에 한 번뿐인 기회' 또는 '일생에 한 번 만나는 인연'을 의미한다.

<한국한자연구소> 덕분에 만난 소중한 인연들과 소중했던 순간들은 떠올리는 것만으로도 나를 미소짓게 만든다. 2023년 1월 말, 3일 동안 진행된 《전통판각 강좌》에 참가하면서부터 인연이 본격적으로 시작된 것 같다. 사실, 강좌에 참가하기 이전에도 <한국한자연구소>에 대해 알고 있었다. 경성대학교 중국학과 교수님들께서 수업 중 언급하시거나 경성대학교 문화관(22호관) 107호에 있는 <한자문명창의체험관>에 방문하여 한자를 일상생활과 어떤 방식으로 접합시켰고 지금은 어떤 것을 연구 중인지 등을 직접 눈으로 보고 오기를 권유하셨다. 체험관을 방문하니 한자

---

1 센노 리큐(千利休): https://www.cyber-world.jp.net/sen-no-rikyuu/

의 변천과정과 함께 <한국한자연구소>에서 진행한 한자 공모전 출품작들도 감상할 수 있었다. 이때부터 <한국한자연구소>에서 진행했던 프로그램들에 더 관심을 가지고 찾아보게 되었다. 특히, <한국한자연구소>에서 운영하는 유튜브 채널 [한자파파]를 보면서 우리나라와 같은 한자문화권인 동아시아 전체에 큰 관심이 생겼다. 그렇게 점점 한자와 동아시아 문화에 대해 조금씩 알아가던 때, 참가했던 《전통판각 강좌》는 정말 흥미로웠다. 특히, 본인이 원하는 한자를 새겨 작품으로 만들어 갈 수 있다는 것이 가장 마음에 들었다. 나는 '배가 바람에 실려가듯 일이 순조롭게 이루어진다'는 뜻의 '순풍만범(順風滿帆)'을 새기면서 지금의 대학생활과 앞으로 다가올 미래가 순탄하기를 기원했다.

얼마 후, 코로나19로 미뤄졌던 <동아시아 한자문명로드 답사>가 다시 진행된다는 걸 알게 되어 중국학과 내 선·후배-동기들과 함께 신청하여 중국 섬서성 서안(西安)을 방문하고 학문이 깊은 교수님들께 중국의 역사적, 문화적 지식들을 많이 배워올 수 있었다. <한국한자연구소> 소장이자 경성대학교 중국학과의 하영삼 교수님께서 여러 행사에 참여하고 즐거워하는 나의 모습을 좋게 봐주신 덕분에 <한국한자연구소>의 학생연구원으로 의미있는 시간들을 보낼 수 있었다.

학생연구원으로서 시민 참여 프로그램의 진행과정을 보며 정말 많은 것들을 경험하고 배울 수 있었고, 무엇보다도 여러 분야의 학문이 깊고 견문이 넓은 교수님들을 뵐 수 있는 유익한 시간이었다. 그랬기에 이번에 참가한 <동아시아 한자문명로드 답사> 일본 간사이 지방편이 나에게는 정말 큰 의미가 있다. 무엇보다도 학생연구원으로 참가하는 것이기에 답사 지역의 자료집을 제작하거나 답사 중의 역할이었던 영상 촬영은 이번 답사 진행에 있어 책임감과 함께 올해 답사를 더욱 의미있게 만들어 주었다. 특히 <한국한자연구소>의 김시현 교수님께서 이번 답사를 담당하여 정말 많은 수고를 해주셨으며 이번 자료집 제작 과정에서 문서 작성법에 대해 많이 배울 수 있었기에 교수님께 감사하다고 전하고 싶다. 자료집의 내용을 찾아볼 당시, 참고했던 일본 사이트마다 정보가 다르게 기재되어 있거나 한자 표기법이 통일되어 있지 않아 생각 외로 정말 많은 시간을 들여 자료집 수정과정을 거쳤다. 덕분에 답사 때 참여자들이 받은 자료집은 답사하며 읽어보기 편하게 배려한 손바닥만 한 크기에 답사의 정보들이 순차적으로 잘 정리되어 나올 수 있었다. 이를 위해 애써주신 담당자 김시현 교수님과 검토를 맡아주신 석혜숙 학생연구원님께 고마움을 전하며 지금까지는 <한국한자연구소>와의 인연에 대해 이야기 하였다면, 이제부터는 <동아시아 한자문몋로드 답사 그 다섯 번째> 일본 간사이 지방에 답사를 가서 어떤 인연과 소중한 순간들을 보냈는가에 대해 이야기 하고자 한다.

우리들은 2024년 2월 일본 간사이[関西] 지방의 나라[奈良], 우지[宇治], 교토[京都], 오사카[大阪]를 4박 5일 동안 방문하며, 한자와 불교가 일본으로 전해진 이래 일본의 문자 발달과 한자 문화를 시대별로 살펴볼 수 있도록 다양한 문화유산을 남긴 천년의 고도(古都) 교토(京都)와 더불어 그 일대 간사이 지방 박물관과 유적지 방문에 그 목적을 두고 있다. 그럼, 방문한 장소들 소개와 그곳에서 배우고 경험한 순간들에 대해 말하겠다.

1. 나라[奈良]
(만요박물관 문화관, 호류지, 헤이죠쿄세키, 도다이지, 나라국립박물관)

[사진 1] '경성이'   [사진 2] 나라 <奈良>

　부산에서 일본으로 출국하는 답사 첫 날, 참여자였던 작년과는 달리 학생연구원으로 김해공항에 도착 후 답사 참여자분들께 <한국한자연구소> 기념품과 자료집을 배부해 드리며 참여자분들과 인사를 나눴다. 작년 중국 서안[西安] 때 함께 여정을 보냈던 분들이 대부분이라 인사만 나눴음에도 이번 여행이 편안하고 즐거울 것이라는 예감이 들었다. 나는 답사하는 과정을 고프로(GoPro)로 촬영하는 역할을 맡아 경성대학교 마스코트인 독수리 '경성이' 인형과 함께 비행기에 몸을 실었다.

　일본 간사이[関西]는 일본 혼슈의 서쪽을 이르는 역사·문화적인 명칭이다. 주요 고개를 뜻하는 관(関)을 중심으로 서쪽을 뜻하는 단어로, 오사카부, 교토부, 효고현, 나라현, 와카야마현이 포함된다.

우리는 비행기를 타고 일본 간사이 국제 공항에 도착하여 4박 5일 동안 함께 할 이영미 가이드님과 인사하였다. 본격적인 답사를 위해 차량 탑승 후, 첫 날 목적지인 나라[奈良]로 향하였다.

일본의 옛 수도인 나라[奈良]는 3세기부터 유력한 호족이 대두하면서 고분 시대, 아스카 시대, 나라 시대에 걸쳐 고대 일본의 중심 지역으로 자리 잡았다. 중국 대륙에서 전래된 불교 문화가 이곳에서 꽃피우면서 오랜 역사를 가진 절과 신사를 많이 보유하게 되었다. 또한 세계 유산과 국보, 중요 문화재 등의 역사 문화 자원의 보고이기도 하다.

여기서 가장 먼저 방문한 곳은 일본에서 가장 오래된 시가집인 『만요슈(万葉集)』를 테마로 한 박물관, '만요박물관 문화관(奈良県立万葉文化館)'이다. 『만요슈(万葉集)』는 일본의 현존하는 최초의 노래집(가요집)이고, 총 20권에 4,500여 수의 노래를 모아 편성한 책이다. 이 중 5세기 초의 작자가 지은 노래도 전해지고 있지만, 대부분이 7세기 전기부터 8세기 중엽에 이르는 약 130년에 걸쳐 만들어진 작품이다. 『만요슈(万葉集)』가 편찬될 무렵에는 아직 가나(仮名)가 만들어지지 않았기 때문에 신라의 향찰이나 이두와 마찬가지로, '만요가나(万葉仮名)'라고 불리는 독특한 표기법을 사용했다. 답사 전 자료집을 준비하면서 이러한 배경지식을 알고 답사지를 방문하니 더 관심이 가고 감상했던 문화재들이 훨씬 오래 기억에 남는 것 같다. 특히 이곳에서는 일본 최고(最古)의 화폐인 후혼센(富本錢)과 같은 발굴 성과품을 전시하고 있었고, 이외에도 고대 시장을 재현한 광장의 모습을 볼 수 있어서 좋았다. 감상 후 숙소로 돌아가 일본에 도착한 들뜬 마음을 함께 온 친구들과 공유하며 휴식을 취했다.

다음 날, 우리들은 일본 최초의 유네스코 세계문화유산 지정 사원인 '호류지(法隆寺)'로 향했다. 1400년에 달하는 세월 동안 역사와 전통을 지켜온 호류지[2]는 일본에서 불교를 촉진한 것으로 알려진 쇼토쿠 태자(聖德太子, 574~622)는 자신이 거주하는 궁전 이카루가노미야(斑鳩宮)의 서쪽 이카루가데라(斑鳩寺: 지금의 호류지)를 창건하였다. 호류지(法隆寺) 창건은 603년 일본 최초의 관위 제도인 관위십이계(冠位十二階)가 제정된 이후 역사적 전환기를 기념하는 사건으로, '법륭(法隆)'이라는 사찰 명칭에서도 알 수 있듯이 불법의 융성을 추진하는 중심지였다. 이곳에서 세계에서 가장 오래 보존된 목탑 오층탑을 볼 수 있었다.

다음 방문지는 나라의 옛 수도, 중추를 재현한 '헤이죠쿄세키(平城宮跡)'이다. 동서로 1.3km, 남북으로 1km에 달하는 광활한 지역 내에 거대한 궁전과 정원 등이 복원되어 있는 모습으로 입장하자마자 시선을 사로잡았다. 우리는 입구 정문인 스자쿠 문(朱雀門)에서 단체 기념 촬영을 하였다.

다음은 국보로 지정된 세계 최대 규모의 목조 건축물인, '도다이지(東大寺)'에 도착하였다. 이곳의 최대 명물은 비로자나불, 즉 대불이다. 이러한 청동 불좌상(佛坐像: 좌불상)의 높이는 무려 16m이다. 『걸리버 여행기』를 쓴 조나단 스위프트가 일본을 여행하고 소인국 이야기를 착상했다고 할 만큼 거대하다. 또 다른 유명한 볼거리는 대불의 콧구멍만 한 크기의 구

---

[2] 호류지(法隆寺): https://www.tnm.jp/modules/r_free_page/index.php?id=2097&lang=ko

명 뚫린 기둥이 있다. 이 구멍을 통과하는 사람은 다음 생에서 복을 받게 된다고 전해진다. 교수님들과 다 함께 도전해서 구멍을 통과하니 행복의 기운을 받은 것인지 모두의 얼굴에 웃음이 가득 찼다.

그렇게 들뜬 기분으로 도착한 다음 방문지는 '나라국립박물관(奈良国立博物館)'이다. 1894년에 세워진 '나라 불상관(본관)'과 쇼소인(正倉院)[3]의 교창조 구조를 모티브 한 '동쪽 신관', '서쪽 신관', 중국 고대 청동기를 전시하는 '청동기관'의 4개 갤러리로 구성되어 있다. 주로 일본 불교 관련 미술 공예품을 전시하고 있으며, 일반 전시의 '명품전'에서는, 다수의 국보, 중요 문화재를 포함한 여러 불상들을 가까이서 감상할 수 있다.

답사 첫 날과 둘째 날까지 일본 나라[奈良]에서 많은 곳들을 방문하여 일본의 문화유산들을 직접 보고 배울 수 있었다. 더불어 도다이지(東大寺)로 갈 때는 거리에 활보하는 사슴들을 구경하며 함께 걸었던 순간이 특별했다. 가스가타이샤(春日大社) 신사의 창건 당시, 가시마진구(鹿島神宮) 신사의 신을 모실 때 신이 흰 사슴을 타고 왔다 하여 이곳의 사슴을 신의 사자로 여긴다는 사실도 알게 되었다. 매번 차 타고 이동 중에는 이영미 가이드님께서 일본 문화와 일본말들을 쉽고 재미있게 알려주셨다. 그 중 기억에 남은 이야기는, 일본에 현재 12만 개의 크고 작은 신사가 있으며 여

---

3   쇼소인(正倉院): 도다이지(東大寺) 북서쪽 약 300m 거리에 있는 일본 황실의 유물 창고이다. 매년 가을, 창고를 여는 칙봉식(勅封式)이 열려 소장된 보물을 일반인들이 볼 수 있는 '쇼소인전'이 열린다.

기에서 숭배 대상이 되는 신[4]이 무려 800만에 이른다는 것이었다. 믿기지 않는 숫자에 검색하여 찾아보니 일본인들은 자연이나 조상을 신으로 섬기는 경우도 많으며, 정치인이나 유명 학자들이 신이 되기도 한다는 사실을 알게 되었다. 이렇게 많은 것들을 보고 배우며 특별한 순간이 가득했던 일본 나라[奈良]에서의 일정은 마무리되었다. 시간이 순식간에 지나가는 것 같아 아쉬운 마음이 들면서도 다음 방문지인 우지[宇治]에서는 또 어떤 새로운 경험을 할지 기대하며 숙소로 돌아갔다.

2. 우지[宇治]
(뵤도인, 겐지모노가타리)

[사진 3] 우지 <宇治>

답사 셋째 날, 한 폭의 그림 같은 아름다운 경치가 인상적인 우지[宇

---

4 신: https://www.ohmynews.com/NWS_Web/View/at_pg.aspx?CNTN_CD=A0000427112

治]로 이동했다. 11세기 일본 고전 문학의 걸작으로 알려진 『겐지 이야기』[5]는 헤이안 시대(平安時代, 794~1185)의 매우 수려한 외모의 귀족과 그의 연애 이야기를 담고 있으며, 마지막 10장의 배경이 바로 이곳이다. 우리가 가장 먼저 도착한 곳은 '뵤도인[平等院]'이다. 1052년 당시 최고 권력자였던 후지와라노 요리미치가 부친 미치나가로부터 물려받은 별장을 사찰로 개축하여 평등원(뵤도인)[6]을 창건하였다. 이 시기에는 불법의 가르침이 쇠퇴하고 말세가 시작된다는 '말법 사상'이 귀족과 승려들의 관심을 끌면서 극락왕생을 기원하는 정토 신앙이 사회 각층에 널리 유행하고 있었다. 이듬해인 1053년에 아미타 불당(봉황당)이 완공되었고 불당 내에는 헤이안 시대를 대표하는 불상 작가 조초가 만든 2.43m 크기의 아미타여래 좌상이 안치되어 화려함의 극치를 이루었다. 그렇기에 일본인들은 장수와 절의 문화적 중요성을 기념하는 의미에서 10엔 동전에는 뵤도인 봉황당을, 1만엔 지폐에는 봉황당의 지붕 상에 장식되어있는 봉황을 디자인했다. 그래서인지 이곳에 방문한 사람들 대부분이 10엔 동전을 들고 기념 사진을 찍고 있었다. 봉황당(호오도) 내부는 본인이 원할 시, 따로 관람비를 내고 볼 수 있었는데 경성대학교 일어일문학전공의 남미영 교수님께서 나와 두 친구들의 관람비를 내주시고 설명도 해주셔서 잘 보고 나왔다. 또한, <한국한자연구소>의 최승은 교수님께서도 일본에 대한 역사적 지식을 알려주셔서 정말 의미있는 시간을 보낼 수 있었다. 답사 동안 두 교수님들께서 우리들의 시간을 더 유의미하게 만들어주셔서 이 자리를 빌려 고마움을 전하고 싶다.

---

5   『겐지이야기』: https://www.kyototourism.org/ko/sightseeing/871/

6   평등원(뵤도인): https://www.byodoin.or.jp/kr/learn/history/

다음으로 '겐지모노가타리[源氏物語] 뮤지엄'을 방문했다. 『겐지모노가타리(源氏物語)』[7]는 11세기 초 무라사키 시키부(紫式部)라는 여성 작가가 창작한 일본의 대표적인 장편 문학 소설로, 히카루 겐지(光源氏)라는 귀족 남성의 파란만장한 일대기를 다룬 이 작품은 헤이안 시대(平安時代, 794~1185) 궁정(宮廷)이 그 배경이다. 이곳에서 당시 생활 환경과 의복, 이동 수단 등을 살펴볼 수 있으며, 일반적인 전시와는 달리 소설의 흐름을 따라 줄거리를 시각적으로 묘사하고 있어 생동감 넘치는 전시를 즐길 수 있다. 답사 오기 전, 학교에서 <영화로 보는 일본문학>이라는 교양 수업을 수강하여 일본 베스트셀러 작품들에 막 관심을 가지던 때라 이곳의 방문이 흥미롭게 다가왔다. 교양 수업으로 일본 문학들을 살펴보고 올해 답사를 준비하고 직접 방문까지 하니 그 문학들의 역사적 배경이 잘 이해되며 퍼즐 맞추듯 지식이 채워지는 이 순간들이 재미있게 느껴졌다.

[사진 4] 세츠분(節分)   [사진 5] 우지 맛차 시음체험

---

7   『겐지모노가타리(源氏物語)』: https://www.museum.go.kr/site/main/relic/recommend/view?relicRecommendId=140601

사실 답사를 준비하면서부터 셋째 날인 오늘을 가장 기대했다. 일본의 '세츠분(節分)[8]' 날이기 때문이다. 일본은 입춘 전날(2월 3일), 밤에 집안 문을 열고 '오니와 소토, 후쿠와 우치(鬼は外, 福は內, おにはそとふくわうち: 귀신은 집 밖으로, 복은 집 안으로)'라고 두 번 큰소리로 외치며 콩을 뿌리는 풍습이 있다. 특별한 풍습이 있는 날 일본에 방문했다는 설렘을 가지고 있었는데, 오늘은 절을 방문하는 일정이 없어 경험을 못 할 것이라 안내 받았다. 조금 아쉬운 마음이 들던 찰나, 거리를 걷던 중 사찰 앞에서 나눠주는 콩을 받으신 <한국한자연구소> 조성덕 교수님께서 우리에게도 콩을 나눠주셨다. 신나는 마음에 콩을 던질까 하니 교수님께서 콩을 꼭 뿌리지 않고 먹는 걸로도 복을 부른다고 설명해주셨다. 조성덕 교수님과 교수님 사모님께서 답사 동안 나와 친구들을 많이 배려해주셔서 더 유익하고 즐거운 시간이 될 수 있었기에 고마움을 전하고 싶다.

점심식사 후, 우지 맛차 시음체험을 하러 갔다. 일본 우지차(宇治茶)[9]의 역사는 가마쿠라 시대(鎌倉時代, 1185~1333년)까지 거슬러 올라가는데, 그 계기가 된 인물은 일본 선종의 시조인 에이사이(禪師) 선사다. 그가 중국에서 들여온 씨앗으로 키운 '혼차(本茶)'의 나무를 우지에 옮겨 심은 후부터 본격적인 차 재배가 시작되었다. 우지[宇治]는 일교차가 커서 안개가 잘 생기고 강수량도 풍부하여 차를 재배하기에 알맞은 곳으로 현재 일본의 차(茶)문화의 중심지로서 위상을 지니게 되었다. 이곳에서 말차 만들기

---

8 이선옥, 『여행자의 일본어 MUST CARRY』, 2017. p.286.
9 우지차(宇治茶): https://livejapan.com/ko/in-kansai/in-pref-kyoto/in-fushimi_uji/article-a2000556/

체험으로 찻잔에 말차를 넣고 찻솔로 섞을 때, 부드러운 거품을 위해 신경써야할 것이 많다는 걸 깨달았으며 특히 완성된 말차를 맛보는데 말차의 쓴맛이 너무 진해서 놀랐다. 그렇기에 말차는 양갱과 같은 다과와 함께 먹는 것이라는 설명를 듣고 말차를 향기를 입에 머금은 상태에서 설탕 사탕을 먹었다. 진한 말차와 단맛이 조화롭게 어우러져서 음미하며 다 마실 수 있었다. 언젠가 일본에 방문한다면 또 경험해보고 싶어지는 체험이라 매우 만족스러운 추억의 한 순간이 되었다.

3. 교토[京都]
(산주산겐도, 국립박물관, 기요미즈데라, 고쇼, 한검한자 박물관, 겐닌지)

[사진 6] 교토 <京都>

맛차 시음체험 후, 794년부터 1000년 넘는 세월 동안 일본의 도읍지였던 교토[京都]로 이동하여 '산주산겐도(三十三間堂)'를 방문했다. 118m의 총 33칸으로 이루어진 본당 안에는 1001개의 천수관음상이 세워져 있다.

이곳의 정식 명칭은 '렌게오우인(蓮華王院)'이라 하며, 본당의 기둥이 33칸인 것과 더불어 관음보살이 사람들을 구하기 위해 변하는 모습이 33종류인 것에서도 유래되어 '산주산겐도(三十三間堂: 33칸의 건물)'이라 불리고 있다. 건물 옆에 있는 뜰에서는 건물 한 쪽 끝에서 다른 쪽 끝까지 활을 쏘는, 에도시대의 활 쏘기에 유래한 대회가 열리며, 예전에는 이 행사가 산주산겐도 내부에서 열리기도 했다. 본당 내부에 들어가 살펴보니 이렇게나 많은 관음상 중 단 하나도 겹치는 모습이 없다는 것에 감탄했다. 이곳은 내부 사진 촬영이 금지되어 찍은 사진은 없지만 그 덕분인지 관람할 때 관람자 모두가 더 집중해서 관람하는 게 느껴졌다.

다음으로 3일차 마지막 방문지인 '교토국립박물관(京都国立博物館)'에 도착했다. 이곳은 헤이안(平安) 시대에서 에도(江戸) 시대까지의 미술품과 문화재를 볼 수 있는 곳으로, 동양의 고미술품이나 매장문화재 등을 소장하고 있다. 현재 소장 수는 국보 114건, 중요 문화재 822건을 포함해 약 14,000건에 이른다. 박물관 내부를 감상하다 특히 눈에 띄는 서예 작품들이 있어 아래의 한글 설명문을 보니 중국 북송(北宋)의 시인이자, 학자, 정치가였던 '소식(蘇軾)'에 대해 자세히 설명되어 있었다. 호는 동파(東坡)로 흔히 소동파로 더 잘 알려진 인물로, 그는 웅장하고 막힘없는 서법으로 평가를 받았으며 송나라 4대 서예가 중 한 사람으로 꼽힌다. 또한 회화와 문학을 접목시키는 데 아주 큰 역할을 하였다. 학교에서 중국문학사를 배울 때 그에 대해 들었지만 실제 그의 작품들을 보면서 설명을 읽으니 더 흥미있고 오래도록 기억에 남는 것 같다.

우지[宇治]와 교토[京都]를 돌아다니며 3일차를 정말 알차게 보낸 것 같아 기쁘면서도 답사 일정 중 절반을 벌써 다 둘러보았다는 것에 놀라웠다. 특히 오늘의 세츠분(節分)과 맞차 시음체험이 즐거웠는지 숙소에 돌아가 휴식하면서도 설렘이 멈추지 않았다. 아침이 밝으면 또 어떤 새로운 경험들이 나를 기다리고 있을지 기대하며 잠에 들었다.

4일차 아침을 맞이하며 가장 먼저 방문한 곳은 교토[京都]의 대표적인 사원, '기요미즈데라(淸水寺)'이다. 778년에 세워진 '기요미즈데라(淸水寺)'는 '맑은 물 위에 지은 절'이라는 뜻을 가지고 있다. 이름처럼 사찰 주위에 맑은 물이 솟아 흐르고 있다. 특히 사찰 본당의 가장 아래에 위치한 오토와 폭포(音羽の瀧)는 세 갈래로 지혜, 장수, 사랑을 뜻하는 물이 나눠진다. 이번 답사에 참여한 서예가 채영화, 박헌걸 선생님들께서 물병에 담아 나에게도 지혜, 장수, 사랑이 이루어지길 바라며 물을 챙겨주셨다. 작년 중국 서안(西安) 답사 때도 서예 선생님들께서 좋은 한자어와 함께 서예에 대해 알려주셨는데 올해도 이렇게 챙겨주셔서 고맙다고 전하고 싶다. 또한, 이곳은 봄의 벚꽃과 철쭉, 여름의 신록, 가을의 단풍, 겨울의 눈 풍경 등 사계절 내내 아름다운 색채를 보여주기에 기회가 된다면 다른 계절에 다시 방문해서 다른 색채도 즐기고 싶다.

다음으로 교토[京都] 고쇼(御所)[10]에 방문했다. 이곳은 고곤천황(光嚴天皇)이 즉위한 1331년부터 메이지 천황(明治天皇)이 도쿄[東京]로 옮긴 1869

---

10 고쇼(御所): https://livejapan.com/ko/in-kansai/in-pref-kyoto/in-nijo-castle_kyoto-imperial-palace/article-a2000143/

년까지의 약 540년간, 역대 천황이 거주하던 황궁이다. 방을 장식하는 후스마에(襖絵: 미닫이문)에 그린 그림이나 계절마다 다른 표정을 보이는 정원 등으로 볼거리가 많은 곳이다. 여기서는 휴대폰에 'Palaces Guide'앱을 설치하면 내가 이동하는 위치를 인식하여 코스별로 음성 안내가 나온다. 그동안은 가이드가 일행을 무리 지어서 설명하는 걸 금지하여 조용히 감상만 하고 나온 경우가 대다수였는데, 이 앱 덕분에 개개인이 더 편안하고 의미있는 관람이 될 수 있어 신기하고 만족스러웠다.

고쇼(御所) 관람 후, 교토[京都] 관광의 정점이라는 기온(祇園) 거리로 나와 조금 걸으니 다음 방문지인 '한검한자박물관(漢検漢字博物館)'에 도착하였다. 백제로부터 한자를 전수받은 일본이 2016년 교토[京都]에 세계 최초로 한자박물관을 개관한 것으로, 1층에는 한·중·일 공용 한자 808자를 알려주는 코너가 있고 2층에는 부모와 자녀들이 다양한 게임이나 '갑골문자'를 활용한 디지털 프로그램을 통해 한자와 친숙해지면서 학습할 수 있는 놀이공간이 마련되어 있다. 내부에 들어가니 박물관을 좀 더 효율적으로 관람할 수 있는 학습지가 언어별로 준비되어 있었다. 우리는 한글 학습지를 보며 일본어를 쓸 때 사용된 최초의 문자인 만요가나(万葉仮名)로 본인의 이름을 만들어 보는 등의 체험을 할 수 있었다. 한자박물관 내부를 관람할수록 경성대학교의 <한자문명창의체험관>이 떠올랐는데, 실제로 <한국한자연구소>에서 <한자문명창의체험관>의 모티브를 얻은 곳이 바로 이 '한검한자박물관(漢検漢字博物館)'이란 것을 알게되었다. 한국에서도 한자의 변천과정과 한자를 활용한 학습 디지털 프로그램 등을 살펴볼 수 있도록 체험관을 만들어주신 <한국한자연구소>에 감사함을 전하며, 덕분에 이곳의 방문이 유독 가치있게 다가왔다.

4일차 마지막 관람지는 정원이 아름다운 교토[京都]에서 가장 오래된 선불교 사찰, '겐닌지(建仁寺)'이다. 이 절은 송나라에 유학하여 임제종(臨濟宗)을 일본에 전래한 에이사이(榮西) 선사(禪師)가 1202년 무로마치 막부(鎌倉幕府) 제 2대 장군인 미나모토노 요리이에(源賴家)의 지원을 받고 송나라 백장산(百丈山)의 사찰을 모방하여 조성한 사찰이다. 일본 예술과 디자인 명작이 가득한 곳으로, 본당에 들어가면 천장에 그려진 쌍용 벽화를 볼 수 있다.

[사진 7] 리츠메이칸 대학(立命館大学) 大形徹 교수님

교토[京都]에서의 시간을 정말 알차게 보내며 오사카[大阪]로 이동했다. 저녁 식사 전, 오사카[大阪] 최대의 번화가인 '신사이바시(心斎橋) 및 도톤보리(道頓堀)'를 자유 관광할 수 있는 시간을 주셨는데 정말 순식간에 지나갔다. 저녁 식사 후, 숙소로 이동하였는데 특별한 손님께서 우리를 맞이하여 주셨다. 올해 1월 경성대학교에서 진행되었던 <2024 동계한자학 캠프>에 강연자로 초청된 리츠메이칸 대학(立命館大学) 大形徹 교수님께서 우리 숙소로 방문을 해주신 것이다. <한국한자연구소> 교수님들과 함께 인사를 나누며 기념사진을 찍은 후, 나와 왕지영 학생연구원을

데리고 숙소 주변의 '신세카이(新世界)' 구경을 시켜주셨다. 이곳은 일본의 7-80년대의 감수성이 남아있는 복고풍 거리로 서민적인 분위기의 맛집들과 오락 시설들이 줄지어 있었다. 大形徹 교수님의 어린 시절에 했었다는 일본 오락도 경험해보고 맛있는 음식을 먹으며 즐거운 시간들을 보내고 숙소로 돌아왔다. 大形徹 교수님 덕분에 일본의 문화를 제대로 경험해볼 수 있어서 더없이 즐겁고 행복한 하루가 되었다.

4. 오사카[大阪]
 (오사카성 및 덴슈가쿠 박물관, 시텐노지)

[사진 8] 오사카 <大阪>

순간순간들이 특별하고 행복해서인지 시간이 너무나 빨리 흘러 어느덧 답사의 마지막 날이 되었다. 오늘은 인구 800만이 넘고, 서일본의 중심 도시로 알려진 오사카[大阪]의 문화적·역사적 건축물을 관람하러 간다. 가장 먼저 도착한 곳은 '오사카성(大坂城) 및 덴슈카쿠(天守閣) 박물관'이다. 천하통일을 완수한 도요토미 히데요시(豊臣秀吉)가 1583년에 지은 오사카성은 일본 3대 명성(名城) 중 하나로 일컬어진다. 1585년에 성의 중심인 덴슈카쿠(天守閣)가 지어지고 15년에 걸쳐 니노마루(二丸), 산노마루(三丸) 등 광대한 면적을 자랑하는 오사카성(大坂城)이 완성되었다고 하는데, 이는 당시 도요토미 히데요시(豊臣秀吉)의 권력을 보여주는 웅장한 규모의 성이었다. 도요토미 히데요시(豊臣秀吉)는 1583년에서 1598년 사이 백 년간 지속된 내전을 종결하고 1590년 일본을 재통일한 인물이다. 오사카성의 볼거리는 한마디로 돌담과 물의 방벽이라고 하는데, 일본 각지에서 운반해 온 선별된 돌을 사용해 지은 돌담은 놀라운 스케일을 자랑한다. 그러나 초기에 지어진 오사카성(大坂城)은 땅 속에 매몰되어 현재 남은 성은 그 후 일본을 다스렸던 쇼군 중 하나인 도쿠가와 히데타다(德川秀忠)에 의해 지어진 것이다. 즉, 현재의 성은 도쿠가와 막부가 만든 것이다. 원래의 오사카성은 도쿠가와가(德川家)와 도요토미가(豊臣家)가 격돌한 1615년 소실되었다. 오사카성(大坂城) 덴슈카쿠(天守閣) 내부는 오사카성의 역사나 도요토미 히데요시(豊臣秀吉)의 생애 등을 풍부한 자료와 영상 등으로 소개하는 역사박물관으로 꾸며져 있다.

4박 5일간의 답사 마지막 방문지는 일본에서 제일 오래된 관궁사(官宮寺), '시텐노지(四天王寺)'이다. 이곳은 593년 쇼토쿠 태자(聖德太子)가 사천왕을 안치하기 위해 세웠다고 전해지는데 나라[奈良]의 호류지(法隆寺)와 함께 매우 유서 깊은 사찰이다. 『일본서기(日本書紀)』를 보면 건립 이유가 기록되어 있다. 불교가 일본에 도입되자 반대파와 찬성파가 대립하게 되어 쇼토쿠 태자(聖德太子)가 불교 반대파와의 전쟁에서 이기게 되면 절을 지어 부처님께 바치겠다 맹세하고, 전쟁에서 이기자 불법의 수호신인 시텐노(四天王)를 기리는 시텐노지(四天王寺)를 지은 것이다. 남쪽에서 북쪽을 향해 중문, 5층탑, 곤도(金堂), 고도(講堂)를 남북 일직선으로 배치하는 '시텐노지식(四天王寺) 가람 배치'라는 일본에서 가장 오래된 건축 양식으로 지어졌다. 연속된 전쟁으로 인해 여러 번 소실되었으며 지금의 사찰 건물은 1963년에 창건 당시와 같은 모습으로 충실하게 재현되었다.

5. 소중한 순간, 소중한 인연

학생연구원으로 <동아시아 한자문명로드 답사 그 다섯 번째> 일본 간사이 지방편에 함께 할 수 있어 큰 영광이었다. 대학 학부생인 나에게 삶의 소중한 순간을 함께하도록 허락해주신 <한국한자연구소>에 감사를 표한다. 또한 4박 5일간의 여정을 소중한 순간들로 채워주신 이영미 가이드님과 여정 동안 배려해주신 참여자분들께 감사함을 전하고 싶다.

[사진 9] 소중한 순간, 소중한 인연

한 번 지나간 시간은 다시 돌아오지 않는다. 모든 순간은 '일기이회(一期一會)'이다. 서로 친하고 자주 만난다고 해도 우리들은 시시각각으로 성장하고 달라지기에 사실 매번 새로운 모습으로 서로를 만난다. 일생에 단 한 번뿐인 '지금 이 순간'을 함께해서 행복했고 또 다른 모습으로 인연이 닿아 소중한 순간을 함께 보낼 수 있기를 바란다. 이번 4박 5일 간의 답사 동안 함께 해준 모든 참여자분들께 다시 한 번 고마움을 전하며, 앞으로의 삶이 순탄하고 행복하게 흘러가기를 언제나 바라겠다.

참고문헌

1. 저서

경성대학교 인문한국플러스(HK+) "동아시아 한자문명 코드" 프로젝트, 동아시아 한자문명로드 답사 그 다섯 번째」, 『한자의 발자취를 따라(일본 간사이 지방)』, 2024.

이선옥, 『여행자의 일본어 MUST CARRY』, 2017.

2. 기타

https://www.cyber-world.jp.net/sen-no-rikyuu/

https://www.tnm.jp/modules/r_free_page/index.php?id=2097&lang=ko

https://www.narahaku.go.jp/korean/exhibition/special/202310_shosoin/

//www.ohmynews.com/NWS_Web/View/at_pg.aspx?CNTN_CD=A0000427112

https://www.byodoin.or.jp/kr/learn/history/

https://www.kyototourism.org/ko/sightseeing/871/

https://www.museum.go.kr/site/main/relic/recommend/view?relicRecommendId=140601

https://livejapan.com/ko/in-kansai/in-pref-kyoto/in-fushimi_uji/article-a2000556/

https://livejapan.com/ko/in-kansai/in-pref-kyoto/in-nijo-castle_kyoto-imperial-palace/article-a2000143/

10

돌과 오사카

최승은

 오사카 하면, '천하(일본)의 부엌'이라는 별칭이 말해주듯 타코야키, 오코노미야키 등 다양한 먹거리가 우선 떠오른다. 오사카는 맛있는 먹거리로 유명할 뿐만 아니라, 오랜 역사와 전통을 자랑하는 오래된 노포나 회사들이 많은 것으로도 잘 알려져 있다. 578년에 창업한 일본의 곤고구미(金剛組)는 세계 최장수 기업으로 1400년이 넘는 역사를 자랑하는 건설사이다. 이 기업은 오사카에서 시작되었다. 곤고구미만큼은 아니어도 몇백 년 전통을 가진 기업이나 가게가 오사카에 많다. 이러한 전통은 오사카가 일본 역사에서 중요한 교통의 요지였기 때문이다.
 상업의 도시로서의 이미지가 강해진 것은 에도 시대부터이다. 도쿠가와 이에야스(德川家康)는 1603년에 끊임없는 내전으로 혼란했던 전국시대를 끝내고 일본을 통일하면서 에도(江戶, 지금의 도쿄)를 본거지로 한 에도시대(1603~1868)의 막을 열었다. 250여 년간 내란 없이 평화로웠던 에도 시대에는 기존의 정치, 경제, 문화의 중심지였던 교토와 오사카, 그리고 새로운 중심지로서 에도가, 이른바 삼도(三都)라고 불리며 거대 도시로 성장했다. 에도는 새로운 정치적 중심지로서, 교토는 고대 천년 고도(古都)로서의 문화적 중심지로서, 그리고 오사카는 교토와 일본 최대의 항구도시였던 사카이(堺)에 가까운 위치에 있었기 때문에 상업과 교통의 중심지로서 중요했다. 요도가와(淀川)와 세토나이카이(瀬戸内海)를 연결하는 지점에 위치한 오사카는 물자를 운반하는 중계 거점으로서 전통적으로 교통의 요지였다. 이는 오사카가 일본의 경제적 중심지로 발전하는 데 중요한 역할을 했다. 게다가 에도 시대 때 전국에서 에도로 보내는 쌀이나 특산품을 저장하는 창고인 구라야시키(蔵屋敷)가 오사카에 다수 설치되면서, 전국의 물자와 사람들이 오사카로 모여들어 거래가 이루어졌다. 이러한 이유로 오사카는 상업의 도시라는 이미지를 확립하게 되었다.

또한 에도 시대 때 오사카는 뛰어난 석공 기술로도 이름을 알렸다. 많은 이들이 잘 알지 못하는 사실이지만, 에도 시대의 오사카는 전문 석공의 도시이기도 했다. 오사카성의 축조와 성 밑에 건설된 도시인 조카마치(城下町)의 건설은 석공 기술의 발전에 중요한 역할을 했다. 축성과 주변 개발 등 다양한 건축 프로젝트가 이루어지면서 석공 기술이 크게 발달할 수밖에 없었다.

이 글은 평소 떠오르는 오사카의 이미지가 아닌, 돌이라는 키워드를 가지고 조금은 색다르게 오사카를 탐방하면서 정리해 본 글이다.

1. 석공의 도시, 오사카

오사카 나가호리(長堀) 10초메(10丁目) 지역은 에도 시대 때 통칭 이시야노하마(石屋の浜)라고 불렸다. 직역하자면 석공의 해변이라는 뜻으로, 실제로 해변은 아니지만 긴 강변을 따라 석재와 돌을 다루는 석공들이 빼곡하게 모여 있었던 곳이었기에 유래된 명칭이다. 이 지역은 전국 각지

에서 가져온 석재가 모여들고 이를 가공하여 다양한 석조 제품을 만드는 중심지였다. 그 모습은, 셋쓰 지역의 명소를 그림과 함께 소개한 지리지인 『셋쓰 메이쇼즈에(摂津名所図会)』(1796~1798 간행)[1]에 잘 묘사되어 있다.

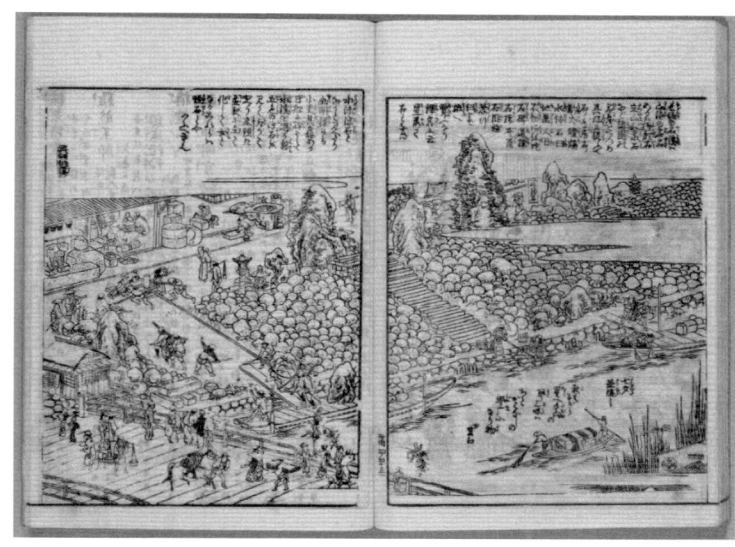

[그림 1] 『셋쓰 메이쇼즈에』 권4의 나가호리 석재상 모습[2]

이 지리지에는 당시 나가호리 지역의 석재상 모습이 빼곡히 그려져 있다. 그림에는 석재 가게에서 등롱이나 불상을 조각하는 석공의 모습이 상세히 묘사되어 있다. 그림 상단에는 이 지역에 대해서 '나가호리의 이

---

1 메이쇼즈에(名所図会)는 일본의 근세 후기 간행된 지명이나 명소, 사찰 등의 연혁을 설명하는 통속 지지를 보통 가리키며, 그림이 삽입되어 있는 것이 특징이다. 『셋쓰 메이쇼즈에』는 총 9권 12책으로 편집된 방대한 양의 지리지로서 셋쓰노쿠니(摂津国), 즉 지금의 긴기(近畿, 오사카 북중부와 효고현 남동부) 지방의 명소 1,300곳 이상을 소개하고 있다.

2 『摂津名所図会』(国文学研究資料館所蔵) 出典: 国書データベース, https://doi.org/10.20730/200017678

시하마는 산과 바다의 명석, 예를 들어 미카게이시(御影石), 다테야마이시(立山石), 이즈미이시(和泉石) 등 전국의 명석을 모아 돌로 만든 도리이, 돌로 만든 사자상, 돌로 만든 등롱, 돌로 만든 도로 표지, 물 그릇, 돌 절구, 지장보살, 대일여래, 부동명왕, 아미타불, 돌 비석, 도로 표지, 돌다리, 우물, 돌 등롱, 효행 절구까지 주문을 받아 제작하고 판매했다'고 적고 있다. 이는 당시 나가호리 지역이 오사카의 다양한 석조 제품을 제작하는 중요한 역할을 했음을 나타낸다.

이처럼 오사카는 단순히 상업과 교통의 중심지일 뿐만 아니라, 석공 기술의 발전에도 중요한 역할을 한 도시이다. 오사카를 방문할 때, 이러한 석공의 역사를 이해하고 다양한 석조 예술품과 구조물을 감상하는 것도 흥미로운 경험이 될 것이다.

2. 전국의 돌이 오사카성 축조에 사용되다

오사카성의 축조는 그 자체로 오사카의 석공 기술 발전에 중요한 역할을 했다. 16세기 말, 전국 통일을 달성한 후 도요토미 히데요시(豊臣秀吉)에 의해 이시야마 혼간지(石山本願寺) 터에 처음 건설되었다. 이 공사는 일본 역사에서 매우 중요한 사건으로, 전국 각지에서 30여 개 영지에서 2만~3만 명의 사람들을 동원하여 약 10여 년 동안 진행되었다고 전해진다. 그러나 1615년 오사카 여름 전투(大坂夏の陣) 때 오사카성은 함락되었고, 이후 에도 시대에 들어서면서 도쿠가와 이에야스에 의해 재건축되었다. 이때 오사카성은 더욱 거대한 돌들을 사용한 견고한 성곽으로 재탄생하

게 되었다.³

　도요토미 히데요시가 처음 쌓았던 오사카성의 자료는 거의 남아 있지 않지만, 현재 우리가 볼 수 있는 오사카성은 도쿠가와 가문이 터에 성토를 하여 새로운 석축을 쌓은 결과물이다. 이 새로운 석축의 돌담에는 많은 거석들이 사용되었고, 축성 기술은 당시로서는 매우 고도의 세련된 것이었다. 도쿠가와 가문은 성곽과 해자 등의 인공물과 자연 지형을 최대한 활용하여 외부의 공격에 쉽게 대응할 수 있는 거점을 만들었다. 오사카성의 성벽과 기초는 크고 거대한 돌들로 쌓아 올려졌으며, 이 돌들은 일본 각지에서 운반되어 왔다. 오사카의 석공들은 이 돌들을 정교하게 다듬어 성벽과 기초에 사용하였고, 그 결과 오사카성은 견고하고 웅장한 성곽으로 완성되었다.

　오사카성 내부에는 축조와 관련된 다양한 기록들이 전시되어 있다. 이러한 기록들에 따르면, 오사카성의 돌들은 모두 화강암으로 만들어졌으며, 그 수는 무려 50만 개 이상에 달한다고 한다. 이 중 일부는 북규슈 지역에서 운반된 돌들로, 약 550km 이상 떨어진 곳에서부터 운반된 것이다. 이는 당시의 운반 기술과 석공들의 노력을 엿볼 수 있는 중요한 자료이다. 성의 정면 입구 쪽에는 높이 5m, 폭 8m에서 11m에 이르는 세 개의 거석이 눈에 띄는데, 이 거석들은 판 모양으로 정교하게 가공되어 돌담에 벽과 같은 형태로 짜여져 있다.

3　참고로 이후 화재 때마다 수복을 거듭하면서 1858년 수리 때에는 천수각을 제외하고 모두 재건되었으나, 1868년 화재로 대부분이 소실되었다. 오사카성은 물론, 시텐노지도 보수와 재건에, 앞서 언급했던 곤고구미가 담당했다. 지금의 천수각은 1931년은 오사카시가 건조한 것으로 철근 콘크리트 건축물이다.

[그림 2] 사쿠라몬(桜門) 근처 성벽에서 찾은 각인석

돌이 어디에서 왔는가 하는 것은 각 지역의 돌 채굴 흔적이나 돌의 성분, 역사적 기록 등의 조사를 통해 밝혀졌다. 여기에 추가로 오사카성에는 각인석(刻印石)을 통하여 돌의 고향을 알 수 있다고 적고 있다. 각인이라 하면 돌에 새겨진 마크인 셈인데 오사카성을 축성할 때 각 영주에게 구역별 돌을 운반하여 건설하는 일을 분담하게 했다. 오사카성에 사용된 각인석은 그 수만 5~6만 개에 달하며, 종류만 해도 약 2,000종으로 추정된다. 각인석에는 축성 공사에 동원된 각 지방 다이묘(영주)의 이름이나, 가문 문장, 돌의 산지 등 다양한 정보가 담겨 있다. 이러한 각인석을 통해 우리는 당시의 축성 공사에 참여한 다양한 다이묘들과 그들의 역할을 엿볼 수 있다. 오사카성을 둘러보면서 이 각인석을 찾아보는 것은 역사적인 재미와 함께, 당시의 축성 과정을 이해하는 데 큰 도움이 된다. 오사카성의 거대한 돌들은 각 지역의 돌 채굴장에서 채취되어 해안까지 운반된 후, 해상으로 이동하여 최종 목적지인 오사카성까지 운반되었다. 이 과정

에서 많은 인력과 자원이 동원되었으며, 돌을 운반하고 가공하는 데에는 고도의 기술과 노력이 필요했다. 특히, 채굴장에서 해안까지의 운반 과정은 매우 험난했을 것이다. 돌을 옮기는 작업은 단순히 노동력뿐만 아니라, 정교한 기술과 조직력이 요구되었다. 오사카성의 축조에 사용된 돌들은 단순한 건축 자재가 아니라, 당시의 기술력과 사회적, 경제적 상황을 반영하는 중요한 역사적 유산이기도 하다.

3. 오사카 시텐노지(四天王寺)의 4개의 영험한 돌

초기 인류는 생존을 위해 돌을 이용하여 도구를 만들어 사용하였고, 이를 통해 생활 방식과 문화를 발전시켰다. 사냥과 채집 활동을 효율적으로 수행하기 위해 돌을 깨뜨려 날카로운 도구를 만들었으며, 이러한 돌 도구들은 식량을 확보하고 적으로부터 자신을 보호하는 데 중요한 역할을 했다. 돌은 단순한 도구나 건축의 재료로서만 사용되었던 것은 아니다.

인류의 역사 속에서 돌은 그 역할을 넘어 신앙의 대상으로 변모하였고, 여러 문화권에서 신앙의 중요한 요소로 자리 잡게 되었다. 이는 돌이 단단하고 변하지 않는 특성을 지니고 있어 영속성과 신성함을 상징하게 되었기 때문이다. 돌은 시간이 지나도 쉽게 부서지거나 변형되지 않기 때문에, 많은 문화권에서 영원성과 불변의 상징으로 여겨졌다. 이러한 특성은 인류에게 오랜 기간 동안 지속적으로 경외심을 불러일으켰고, 돌은 자연스럽게 신성한 존재로 여겨지게 되었다. 인류의 다양한 문화권에서는 돌을 신앙의 대상으로 삼아 다양한 의식과 제사를 행했다. 예를 들어, 거석 문화로 유명한 스톤헨지는 돌이 단순한 건축 재료를 넘어 신성한 의식을 위한 장소로 사용되었음을 보여준다. 마찬가지로, 많은 고대 문명에서는 돌을 이용한 신전이나 무덤을 세워 신성한 공간으로 만들었다. 이러한 전통은 현대에 이르러서도 계속되고 있으며, 돌은 여전히 많은 문화에서 중요한 상징으로 자리 잡고 있다.

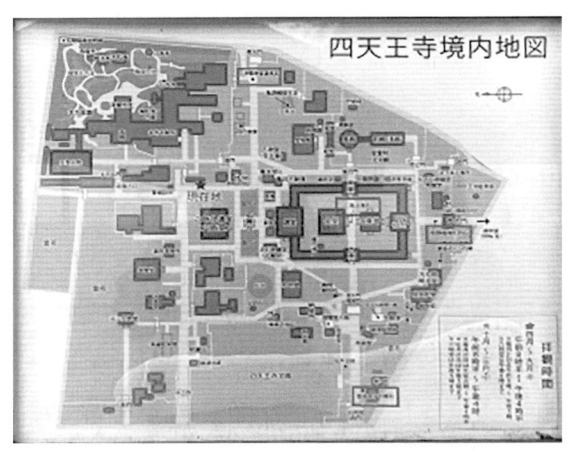

[그림 3] 시텐노지 경내도와 4석의 위치

오사카에서도 이러한 돌 신앙의 흔적을 곳곳에서 발견할 수 있다. 돌은 오사카의 많은 사찰과 신사에서 중요한 역할을 하며, 그중에서도 시텐노지는 이러한 돌 신앙의 중요한 예시를 제공한다. 시텐노지는 오사카시 텐노지구에 있는 사찰로, 일본의 역사적 인물인 쇼토쿠 태자(聖徳太子)가 건립한 7개 사찰 중 하나로 여겨지며, 593년에 세워졌다고 한다. 이 사찰은 남문, 중문, 5층탑, 금당, 강당을 남북 일직선으로 배치한 가람 배치 양식의 시초로도 유명하다. 이러한 배치 양식은 후에 일본의 많은 사찰 건축에 영향을 미쳤다. 이 배치 양식은 시각적 아름다움뿐만 아니라, 사찰 내에서의 동선과 의식의 순서를 고려한 정교한 설계로, 그 의미가 더욱 깊다.

시텐노지에서 특히 주목할 만한 것은 절의 경내에 있는 '사석(四石)'이라 불리는 4개의 영험한 돌이다. 이 돌들은 각각 인도석(引導石), 구마노 권현 예배석(熊野権現礼拝石), 전법륜석(転法輪石), 이세신궁 요배석(伊勢神宮遥拝石)으로 불리며, 신앙적 의미를 지니고 있다.

먼저 첫 번째는 시텐노지 서문 근처에 위치한 인도석(引導石)이다. 인도석의 설명에 따르면, 인도란 석존(釈尊)이 생굴필멸, 회자정리의 인생무상의 혼란스러운 세상으로부터 인간들을 궁극의 깨달음의 세계로 인도한 것을 가리키며 사석 중 하나라고 적고 있다. 또한 이어서 설명하길 '옛 기록에 따르면 죽은 자의 장례 때 그의 관을 인도석 앞에 두고 무상원(無常院)의 종을 세 번 울리면 쇼토쿠 태자가 이 돌에 영향(影向, 실지로 세상에 모습을 나타냄)하여 망자의 영혼을 극락정토의 세계로 인도한다는 전설이 있다'고 설명한다. 돌의 우측에는 인도종이 설치되어 있었다. 신기하게도 서문 바깥쪽으로 고개를 돌리면 거대한 도리이(鳥居)가 보인다. 도리이는 일본의 신사 앞에 세우는 기둥인데, 불경한 곳과 신성한 곳의 구분, 즉 인간과 신의 세계의 경계를 나누는 일종의 관문이라 할 수 있다. 한자를 직역하자면 닭이 머무는 자리라는 뜻인데, 신도에서 닭은 신을 부르는 전령으로 여기는 데에서 유래한다고 하는 설도 있지만 그 기원은 불분명하다. 사찰에 신사의 상징이 공존한다는 것이 언뜻 이해가지 않지만, 일본의 고래 신앙인 신도와 불교가 융합하여 하나의 종교 체계를 이룬 일본의 신불습합(神佛習合)을 이해한다면 그리 어색한 조합도 아니다. 인도석 앞에서 종을 세 번 울리면 쇼토쿠 태자가 극락의 세계로, 즉 도리이 너머 신성한 신의 세계로 인도하는 구도인 셈이다.

[그림 4] 인도석

다음은 남문 근처에 있는 구마노 권현 예배석(熊野権現礼拝石)이다. 돌 앞의 설명문에 따르면 헤이안 시대(794~1185)와 가마쿠라 시대(1185~1333)에 번영했던 구마노 참배의 경로는 교토 우지에서 오사카의 덴만까지 요도강을 따라 배로 내려와서 덴만부터 시텐노지, 스미요시타이샤(住吉大社), 와카야마 다나베(田辺)를 지나는 여정으로 이를 구마노고도(熊野古道)라고 불렀다. 구마노고도는 지금의 오사카부, 와카야마현, 나라현, 미에현에 걸쳐 있는 300km가 넘는 참배 길이다. 이 참배 길의 목적지는 구마노 산잔(熊野三山)이다. 기이반도의 남동쪽 끝에 있는 구마노혼구타이샤(熊野本宮大社), 구마노하야타마타이샤(熊野速玉大社), 구마노나치타이샤(熊野那智大社) 3개의 신사이다. 일본인들은 이 신사를 고대부터 지상과 천계가 만나는 곳이라 여기며, 극락왕생을 발원하기 위한 성지로 오래 전부터 참배했다고 한다. 참배 길 일부에는 가마쿠라 시대에 만들어진 돌계단이 아직도 남아 있다. 중세 일본 최대의 영지로서 구마노 신앙이라는 일관된 목적을 위해 1,000년 이상 계속 사용되어 온 구마노고도는 그 일부가 2004년 유네스코 세계문화유산에 등재되기도 했다.

구마노 권현 예배석은 그 길고 긴 여정 중에 구마노 방향으로 기도하면서 구마노까지의 참배 길의 무사 안전을 기원했던 곳으로, 예배석을 통해 참배자들은 자신의 기도를 전달했다.

[그림 5] 구마노 권현 예배석

다음은 시텐노지 경내 중심부에 위치한 금당(金堂) 앞에 있는 전법륜석(転法輪石)이다. 설명문에 따르면 전법륜이란 석가의 가르침을 널리 펼치는 것을 말한다. 수레바퀴를 굴려 부딪치는 모든 것을 파쇄하듯이 불법의 수레바퀴를 굴려 모든 번뇌를 남김없이 파쇄한다는 의미이다. 갑자기 거세진 빗줄기 때문에 사진은 찍지 못했지만, 언뜻 보기에도 전법륜석은 다른 영석에 비하여 새 돌 같은 느낌이었다. 역시나 지금 설치된 돌은 새롭게 만든 것으로, 본래의 전법륜석은 그 아래에 묻혀 있다고 한다.

[그림 6] 이세신궁 요배석

　4개의 영석 중 마지막은 동문에 위치한 이세신궁 요배석(伊勢神宮遙拜石)이다. 이름 그대로 사람들이 찾아와 이곳에서 이세신궁(伊勢神宮)을 요배(遙拜, 멀리 떨어진 곳에서 배례함)하는 곳이었다고 적혀 있다. 이세신궁은 일본 미에현(三重縣) 이세 지역에 위치한 신사로 일본 신화 속 태양신인 아마테라스 오오미카미(天照大御神)를 제신으로 섬기는 내궁(內宮)과 오곡을 주관하는 신인 도요우케노 오오카미(豊受大神)를 모신 외궁(外宮)으로 나뉜다. 이 두 곳을 합하여 이세신궁이라 한다. 일본 전국에 산재한 10만 신사의 총 본산격으로 일본인들에게 있어 그 어느 신사보다 신성시되는 곳이기도 하다. 앞서 언급했듯이, 에도 시대는 내전 없는 평화로운 시대가 지속되고 전국의 가도, 숙박지 등이 정비되면서 전국의 참배가 용이해졌던 시대였다. 물론 봉건 사회였기 때문에 자유로운 이동이 가능했던 시대는 아니었다. 신분이 낮은 자라면 더더욱 그러했다. 단 몇 가지 예외가 있었는데, 치료 목적의 온천 여행이나 이세신궁 참배 등의 이유라면 영주의 허가를 받아 여행이 가능했다. 경제적 여유가 없는 서민들도 마을 사람들

이 매달 돈을 적립하여 돌아가면서 참배하는 겨 조직을 만들어 '일생 한 번은 이세 참배(一生に一度はお伊勢参り)'를 목표로 삼았다. 이는 당시 사람들에게 중요한 문화적 현상이었다. 이세신궁 요배석에서 기도를 드리는 사람들은 이세신궁으로 직접 갈 수 없는 상황에서도 신성한 기운을 느끼고자 했다. 이 돌 앞에서 많은 사람들이 자신의 소원을 빌고, 가족의 안녕과 행복을 기원했다. 이세신궁 요배석은 이세신궁 자체의 신성함과 더불어, 일본 전역에서 많은 사람들이 이세신궁에 대한 신앙을 공유하고 있음을 보여준다.

[그림 7] 불족석

4개의 영석에는 포함되지 않지만, 시텐노지 경내에는 흥미로운 돌이 또 하나 있다. 바로 북쪽에 위치한 불족석(佛足石)이다. 일본의 불족석 하면 나라현 야쿠시지(薬師寺)의 것이 가장 먼저 떠오르는데, 일본에서 가장 오래된 불족석으로서 국보이다. 시텐노지의 불족석을 자세히 살펴보면, 발가락이 길고 크고 편편한 발바닥에 윤보(輪宝) 무늬가 새겨져 있다. 불족석은 불교 신앙의 중요한 상징으로서 신앙의 중심이 되는 장소로, 많은 참배객들이 이곳을 찾아와 불교의 가르침과 영성을 되새긴다. 오사카 시텐노지의 돌들을 통해 우리는 당시 사람들의 신앙과 생활 방식을 엿볼 수 있으며, 오사카의 역사와 문화를 더욱 깊이 이해할 수 있다.

11

일본 간사이지역에서 접한 문화적 기억의 횡단

하강진

　이국 체험은 언제나 설렌다. 일본의 고대 문화가 고스란히 남아있는 간사이(關西) 지방의 대표도시 나라(奈良)와 교토(京都) 탐방에 나섰다. 2024년 2월 1일 오후 1시 어둑한 날씨가 잔뜩 에워싼 오사카부(大阪府) 간사이국제공항에 내렸다. 버스를 타고 약 한 시간 뒤 2002년 서울시 영등포구와 자매도시를 체결한 기시와다시(岸和田市)의 '와쇼쿠 사토(和食さと)'에서 점심을 먹었다. 일본 국내에서 가장 인기가 높다고 하는 외식 체인점답게 다양하고 식료와 정갈한 음식은 눈과 혀를 만족시키는 데에 충분했다. 무얼 보고 무얼 느낄까. 이제부터 여정의 시작이다.

1. 『만요슈』의 중심지, 나라현 아스카촌(明日香村)

　첫 여행지 나라현 다카이치군(高市郡) 아스카촌으로 향했다. 한두 시간을 달려 나라현립 만요문화관(萬葉文化館) 주차장에 도착하니, 해가 뉘엿뉘엿 주위는 한산하여 적막감마저 감돌았다. 우선 눈에 띈 것은 아스카민속박물관 겸 쇼핑몰의 나무울타리에 내걸린 "아스카(飛鳥)·후지와라(藤原)를 세계유산으로"라는 플래카드였다.

[그림 1] 만요문화관 좌측의 아스카민속박물관 겸 쇼핑몰

　나라현의 이 두 도시는 일본의 고도(古都)로 유서가 깊다. 일본은 세계문화유산등재를 앞두고 한반도 및 중국과의 깊은 연계성에 주목하면서 도래인(渡來人)에게서 전수한 외래문화와 일본 고유 전통을 융합해 독자적인 문화를 창조했음을 강조하고 있다. 이를 홍보하기 위해 과거 한일 교류의 주제로 한 단편영화 '보이 미츠(Boy Meets)'를 제작했다. 올해 9월 유네스코에 잠정 추천서를 제출하여 사전심사를 거쳐 2026년 등재 목표로 하고 있다. 이처럼 일본 고도(古都)의 정치 문화 자취가 켜켜이 쌓여 있는 곳이 바로 나라 지역인 것이다. 지명이 우리말 '나라'와 똑같아 한반도 도래인에게서 유래한 것이라는 역사적 상상도 무리가 아닐 성싶다.

　플래카드 오른쪽을 보니 단아한 여인 그림이 세 줄의 한문과 함께 음각된 비석이 세워져 있었다. 이 서화는 도대체 무슨 뜻을 담고 있는지, 그리고 현존하는 일본 최고(最古)이자 최고(最高)의 와카(和歌)를 한 곳에 엮은 『만요슈(萬葉集)』와는 어떤 관계가 있는지, 끝에 적힌 사토나카 미치코(里中満智子)는 누구인지. 나라에서 우연히 갖게 된 이 의문들은 박물관에서 해소할 수 있을지 궁금해하며 플래카드를 다시 쳐다보았다.

아스카·후지와라는 아스카촌 일대로 아스카시대(飛鳥時代, 592~710)의 중심지였다. 이 시기에 백제, 고구려, 신라, 중국 등과 교류하며 일본열도에 대륙의 불교문화가 본격적으로 개화하는 한편 중앙집권체제를 점차 다져나갔다. 즉 제43대 천황이자 다섯 번째 여성 천황인 겐메

[그림 2] 아스카민속박물관 앞의 비석

이(元明)가 현재 가시하라시(橿原市)인 후지와라쿄(藤原京)에서 헤이조쿄(平城京)로 천도함으로써 아스카시대는 막을 내리고 약 80년간의 나라시대(710~794)가 전개되었다. 그 이후는 헤이안시대(794~1185)로 제50대 간무(桓武) 천황이 헤이조쿄를 떠나 교토부의 나가오카쿄(長岡京)를 거쳐 헤이안쿄(平安京)에 수도를 새로 정하고 약 사백 년 동안 존속했다. 통상 아스카시대와 그 이전을 상대(上代), 헤이안시대를 중고(中古), 그 이후 가마쿠라시대(1185~1336)·무로마치시대(1336~1573)·아즈치모모야마시대(1573~1603)를 합쳐 중세(中世), 에도시대(1603~1868)를 근세(近世), 메이지시대와 다이쇼시대를 근대(近代), 쇼와시대 이후를 현대(現代)라 하여 여섯 단계로 구분한다.

『만요슈』는 전체 20권이고, 수록한 작품 총량은 4,516수이며, 메이지시대부터 작품을 찾기 쉽도록 일련번호를 매겼다. 4세기 초반으로 알려진 작품(제2권, 85~89)이 있지만, 창작 시기를 기준으로 아스카시대인 7세기 초엽부터 나라시대 중엽인 759년 창작된 최후의 노래(제20권, 4516)에

이르기까지 약 120년 동안에 지어진 작품이 대부분을 차지한다. 만요가 집중적으로 생산된 그 기간을 두고 시대 구분 범주와는 별개로 문학작품에 방점을 찍어 만요시대라 명명하고 있다.

[그림 3] 어둠이 서서히 깔리는 나라현립 만요문화관

만요문화관은 2001년 9월 고대 농업용 용수를 공급하던 아스카지(飛鳥池)의 공방(工房) 유적지에 건립되었다. 이름은 체험을 위주로 한 문화관이지만 박물관을 겸하고 있다. 복도의 각종 판넬에는 이곳에서 출토된 유물들의 내용을 간략하게 소개해놓았다. 예컨대 텐무조(天武朝, 672~686)에 일본 최초로 주조된 동전 화폐 후혼센(富本錢), 텐지조(天智朝, 662~671)에서부터 헤이안시대까지 사용된 목간(木簡), 금속 및 칠 제품, 옥 장식. 기와 등이다. 대부분 7세기 후반부터 8세기 초엽까지의 유적이 중심이라고 적었다. 이 시기는 만요시대와 거의 일치한다는 사실이다. 이런 연유로 만요문화관을 여기에 건립했음을 알 수 있다. 유리창 바깥에는 옛 토목건축을 살필 수 있는 유구(遺構) 일부를 실물 크기대로 그 자리에 복원해 볼 수 있도록 했다. 자세한 의미를 살필 겨를이 없으나 일본이 고대 국가를 정립해가는 한 과정을 보여주는 듯했다.

전시장 내부로 들어가니 만요 테마와 관련된 다양한 정보를 얻을 수 있었다. 만요를 모티브로 창작한 150여 점의 그림, 만요극장, 만요시대의 사경생(寫經生)이 목간(木簡)을 제작하고 그곳에다 필사하는 광경, 만요시대에 활동한 예능인과 생활상을 밀랍 인형으로 만들어 놓았다. 또 만요를 노래한 황족 가인(歌人)의 계보를 일목요연하게 도표화해 만요 개념 일부를 알도록 했다. 복제품이기는 하나 서사도구 도간을 전시 주요 항목으로 편성한 것은 상호 밀접한 연관성이 있기 때문이다. 예컨대 와카 「나니와즈(難波津)~」 일부가 만요가나(萬葉假名)로 적힌 목간이 현존하고, 『고낀와카슈(古今和歌集)』를 교습할 때 그 노래를 처음으로 익힌 사실이 해당 가집 서문에 기록이 있다. 이는 목간이 만요의 학습과 보급에 중요한 역할을 했다는 사실을 알려준다. 참고로 나니와즈는 대륙 문화를 도입하기 위해 당나라 장안으로 보내던 견당선(遣唐船)이 출발했다고 하는 곳으로 오늘날 오사카항이고, 백제인 왕인(王仁) 박사가 이 노래를 지었다는 통설이 있다.

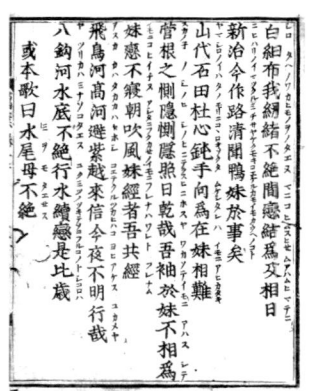

[그림 4] 『만요슈』 권12(1643년간, 국립중앙도서관본)

문화관 폐관 시간이 다가와 오래 머물 수가 없었다. 밖으로 나오니 정원의 조명등이 벌써 켜져 있었다. 여기저기 갓 피기 시작한 홍매가 탐스럽다. 단체 여행은 정해진 코스에 따라 함께 움직이는 게 기본 예의라 타고 왔던 '오사카 히미코(卑彌呼) 관광' 버스에 서둘러 몸을 실었다. 조금 전에 본 비석의 궁금점 해소는 귀국한 뒤로 미루어둘 수밖에 없었다.

기행문을 쓰기 위해 컴퓨터를 켜고 찍어온 사진들을 저장해 자세히 살펴보았다. 동시에 만요문화관 홈페이지와 이곳저곳의 한일 사이트를 검색했다. 정보의 바다를 헤쳐 나가니 비석 실체가 점점 드러났다. 문제의 비문은 전래 명언(名言)이나 격언(格言)이 아니라 바로 『만요슈(萬葉集)』의 한 작품을 새긴 것이었다. 노래 원문과 독법을 아래에 제시한다.

① 八釣川 水底不絶 行水 續戀 是比歲 [만요가나]
② ヤツリカハミナソコタエスユクミツノツキテソコフルコノトシコロハ [음독]
③ 八釣川の水底を絶えず流れゆく水のように, 絶えずしく思う. この何年間かを. [훈독]
④ 야츠리강 강바닥에 끊임없이 흐르는 물처럼 항상 그리워하네. 이 몇 년간을.

인용한 노래는 『만요슈』 제12권 2860번으로 실려 있고, 아스카시대에 가인으로 활약한 가키노모토노 아소미 히토마로(柿本朝臣人麿, 660~710년경)가 지은 것이다. ①은 만요가나로 적은 원문이고, 1643년과 1805년 목판본 『만요슈』에는 '八釣川'이 '八鉤河'로 표기되어 있다. 『만요슈』(1805)를 보면, 해당 면의 난두(欄頭) 여백에 구(鉤)는 고어 용법에서 조(釣)와 통한다는 주를 달았다. 또 주지하듯이 '川'은 '河'와 음이 상통한다. ②는 『만요슈』(1643)의 음독 표기로 가타카나(片假名)를 활용했는데 17세기 때 만요 독법의 한 사례이다. ③은 현지 비석 옆의 안내판에 적힌 히라가나(平假名) 훈독이며, ④는 현대 한글풀이이다.

시인은 야츠리강의 맑은 물의 정경을 서두에 언급한 뒤 사랑하는 마음을 깊이 있게 노래한 것이라고 안내판에서 의미를 부여했다. 또 이 강은 만요문화관 동쪽의 토우노미네산(多武峰, 일명 談山)의 한 봉우리인 야츠리산(八釣山)에서 발원해 사쿠라이시(櫻井市) 다이에(高家)와 아스카촌 야츠리(八釣)를 지나서 아스카니마스신사(飛鳥坐神社)의 북측으로 흘러내리는 시냇물이라 했다. 아울러 야츠리에 있는 오케황자신사(弘計皇子神社) 주변의 암벽에서 청수(淸水)가 지금도 끊임없이 쏟아지고 있다는 이야기를 덧붙였다.

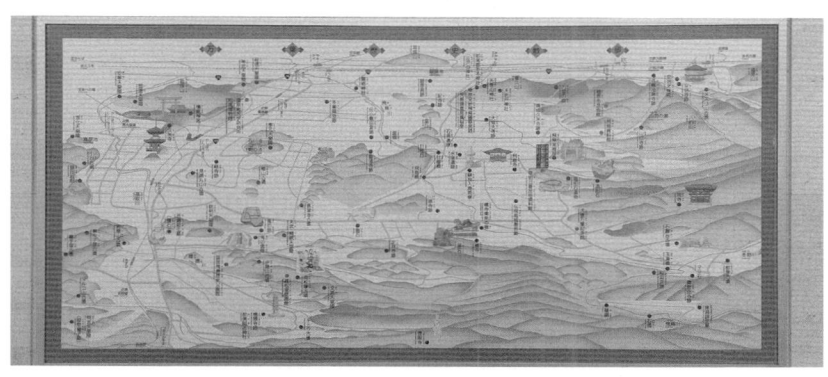

[그림 5] 만요문화관 내벽의 역사유적 안내도. 문화관 곁에 아스카니마스신사(飛鳥坐神社), 그 동쪽에 야츠리산(八釣山)이 표시되어 있다. 우측 상단의 토리미산(鳥見山) 아래가 사쿠라이시(櫻井市) 다이에(高家)이다.

위에 등장하는 지명은 모두 아스카촌 인근에 소재한다. 『만요슈』 최고의 가인으로 평가하는 히토마로가 야츠리강의 부단(不斷)한 흐름에 대비해 지고지순하게 묘사한 사랑은 시대와 장소를 초월하여 인간에게 감동을 주는 보편적 정서이다. 맨 처음 플래카드에서 보았던 아스카·후지와라는 일본의 고도이자 만요의 무대였다. 이로써 보건대 아스카촌과 만요의 긴밀한 장소성이 명확해졌다. 만요문화관이 만요시대 가인의 정서와 작품의 서정성을 대표하는 공간인 이곳 아스카촌에 들어선 배경이다. 여기서 아스카는 飛鳥가 아닌 '明日香'을 지칭함은 물론이다.

이러한 맥락에서 히토마로의 만요 노래비를 2019년 3월에 세웠고, 비석의 글씨와 그림을 남긴 사토나카 미치코는 만화가이자 오사카예술대학 교수였다. 그는 문화관 개관 후 17년간 친목회를 왕성하게 이끌었고, 회장을 그만둘 때『만요슈』의 상징물로 인정될만한 노래비를 세운 것이다. 히토마로가 지은 9편의 장시와 75편의 단가 시가『만요슈』에는 수록되어있는데, 아스카와의 장소 연고가 뚜렷한 작품을 필시 선택했을 터이다.

『만요슈』는 전체 문장이 한자로 되어 있다. 노랫말은 일본어 어순으로 구성되어 있는데, 한자를 차용해 표의하거나 표음하거나 두 가지를 나타내거나 하여 차용 방식이 일률적이지 않다.『만요슈』가 편찬된 8세기 무렵에는 가나가 창제되지 않았기 때문에 만요가나라고 불리는 독특한 표기법을 사용한 것이다. 이후 헤이안시대로 오면 만요가나가 점차 개량되어 용언이나 조사에 널리 쓴 히라가나와 한자의 음독이나 정부 공문서에 주로 쓴 가타카나가 만들어지게 되었다. 하지만 만요가나의 발음이 아직도 완전히 해독되지 않아 여러 번역이 공존하고, 의미가 불명한 것이 있을 뿐만 아니라 심지어는 해석 불가의 작품(『만요슈』1권 9번)도 있다.

만요(萬葉)의 난해함은 신라 향가(鄕歌)와 유사하다. 이는 만요가나가 향찰(鄕札)과 모종의 관계가 있음을 암시하기도 한다. 언어학적 상상력이 결합될 여지가 분명히 있다는 뜻이다. 시인이자 아동문학가로 유명한 김요섭의 아내 이영희(李寧熙)는 30년 전 『노래하는 역사』를 통해 한일고대사 해석에 있어서 이전과 차원이 전혀 다른 견해를 내놓았다. 도저히 이해되지 않던 『만요슈』를 고대 한국어 및 경상도 사투리와 한국식 이두를 혼합해 어석을 풀이함으로써 얻은 결과였다. 그리고 최근 김영회는 『천년 향가의 비밀』에서 향찰은 표음과 표의를 동시에 기능하는 이중문자라는 개념을 내세웠고, 『일본 만엽집은 향가였다』에서는 만요 작품들이 신라 향가에 뿌리를 두고 있다면서 향찰 표기 체계를 적용해 어려운 수수께끼와 같은 만요가나를 해독하고 일본사를 분석했다.

　『萬葉集』의 '萬'은 많다 뜻이고, '葉'에는 모으다, 책, 세대의 뜻이 들어 있다. 많은 시가를 모은 책이나 만대에 전해져야 할 가집이란 의미로 풀이된다. 여하튼 4,500편을 웃도는 『만요슈』의 함의를 해석하려면 만 가지 아이디어가 필요하다는 의미가 아니겠는가. 우리에게 생소한 무수한 지명과 인명, 넝쿨처럼 얽힌 일본 고대사의 진실, 난제 중의 난제인 만요가나를 이해하려면 인문학적 상상력이 요구된다. 언어학에 대한 체계적인 지식 습득, 고문헌의 이해, 방대한 역사 자료의 섭렵, 광범위한 동아시아의 교류 파악 등을 토대로 의미 분석의 돌파구를 찾아야 한다. 단서로 삼은 해석의 상상력이 역사적 실재와 부합하는 결과로 이어질 때 얻게 되는 그 가치는 크다.

　현전하는 향가는 25수뿐이고, 경문왕의 동생이자 진성여왕의 숙부인 각간 위홍(魏弘)이 888년 왕명을 받들고 더구화상(大矩和尙)과 함께 향가를 모아 편찬한 『삼대목(三代目)』은 소실되어 전하지 않는다. 상대, 중대, 하대를 거치면서 고도의 불교문화를 꽃피운 신라의 노래가 매우 적은 현실에 누구나 아쉬움을 느낀다. 반면에 비슷한 시대에 편찬된 『만요슈』는 일본문학 정수로서 자국민들의 지극한 사랑을 받고 있다.

향가를 생각하면 안타까움과 부러움, 두 감정이 복합적으로 작용하기 마련이다. 단순히 작품 수가 많다고 해서 부러워하는 것이 아니라 향가를 곁에 두고 감상하지 못하는 향유 형태가 오히려 안타까운지도 모르겠다. 향가를 대학에서 학문적으로 접한 지 40년이 지났다. 지금까지 연구 범주에 향가를 포함한 적은 없지만 만요문학관은 꼭 가고 싶었던 곳이다.

여러 감정이 교차하는 지금, 경주의 향가문학관(鄕歌文學館)을 떠올려본다. 대개 국문학과에 진학하지 않으면 향가는 고등학교 때 학습한 지식만으로 그치고 만다. 특별한 사유가 없는 한 아련한 추억 속에만 존재할 뿐이다. 게다가 경주에 간들 향가의 고전 향기를 품을 기회가 별로 없다. 향가의 장소성 강화는 경주의 지역문화콘텐츠 발전과 직결된다. 여기에 향가문학관의 설립할 당위성이 있는 것이다.

2. 세계문자전쟁의 조용한 현장, 나라현 호류지(法隆寺)

여행 이틀째인 2월 2일, 나라현 이코마군(生駒郡) 이카루가정(斑鳩町)에 위치한 호류지(法隆寺)를 아침 일찍 방문했다. 정한숙의 단편소설로 널리 알려진 금당벽화가 있는 이 사찰은 현존하는 세계 최고(最古)의 목조건물로, 일본 문화재로서는 최초로 1993년 12월 유네스코 세계문화유산에 지정되었다. 아스카시대를 상징하는 대표작인 만큼 경내 곳곳에 국보가 우리를 맞이했다.

[그림 6] 호류지(法隆寺) 금당과 오층탑.

설레는 마음으로 금당에 가서 벽면을 아무리 봐도 고구려 담징(曇徵, 579~631)의 흔적은 찾을 수 없었다. 호류지가 670년 4월 전소될 때 그림도 함께 사라졌고, 헤이안시대 시작 전후 절을 중창하면서 다시 그린 그림이 1949년 1월 화재로 소실된 사실을 까맣게 잊고 있었던 것이다. 현재 전하는 비천상(飛天像)을 제외하고는 불타기 전에 찍어둔 사진 자료일 뿐이다. 금당이 외형상 3층으로 보이지만 실은 1층 위에 한 겹의 기와지붕이 추가로 지어져 그렇게 보일 뿐이다. 지붕을 덧댄 것은 8세기 무렵에 1층 지붕이 하중을 견디지 못하고 벌어지자 보완할 필요가 있었기 때문이다. 1934년부터 부속 건물을 수리하기 시작해 1985년에 완료되었다고 한다. 그 도중에 호류지가 불탄 것이다. 언뜻 보면 전각처럼 보이는 절 오른쪽의 오층(五層) 목탑도 국보이다. 높이가 무려 32m에 달한다.

실물을 보지 못한 허전한 마음을 뒤로하고 관람 동선을 따라가다 발걸음을 멈춘 곳은 쇼로인(聖靈院) 불당이다. 이 절은 헤이안시대에 제작된 쇼토쿠태자(聖德太子, 574~622) 상을 안치하기 위해 가마쿠라시대(鎌倉時代)에 창건한 전각으로 역시 국보였다. 불당 앞의 아담하고도 평온한 연못은 잠시 시선을 붙들었다.

다시 발길을 돌려 다이호조인(大寶藏院)에 다다랐다. 명칭을 보아하니 대보(大寶), 즉 국보를 소장한 건물임을 짐작할 수 있었다. 국보는 다름 아닌 8등신의 날씬한 백제관음보살상(百濟觀音菩薩像, 약칭 백제관음)이다. 아스카시대에 제작된 목조 입상으로 크기는 2미터가 넘고, 백제왕이 쇼토쿠태자에게 보낸 것으로 알려져 있다. 1949년 화재 때 재빨리 수장고로 옮긴 까닭에 살아남았다. 프랑스 소설가 앙드레 말로(1901~1976)가 "만약 일본 열도가 침몰해서 단 하나만 가져갈 수 있다면 무엇을 가져가겠는가?"라는 일본 기자의 질문에, "百濟觀音(구다라 갠논)"이라고 답했다는 이

[그림 7] 백제관음. 높이 211cm

야기가 있다. 또 프랑스가 1997년을 '일본의 해'로 정한 것을 기념해 루부르 박물관에서 열린 국보급 미술품 교환전에 이 백제관음을 일본 대표작으로 출품한 것을 생각해보면 걸작인 것만은 분명하다. 불교 미술사를 깊이 있게 공부해본 적이 없는 나로서는 그저 수긍하는 수밖에. 다만 일본의 중요 문화재로 귀하게 대접받고 있다는 사실에 스스로 만족했다.

그런데 뜻밖의 문화재가 눈길을 끌었다. 유리각 안에 전체 5층탑 모양의 전시대를 설치했고, 단마다 3층 불탑을 빼곡히 둘러놓은 것이다. 1층

바닥에 두루마리 종이가 펼쳐져 있었고, 부착된 설명 쪽지를 보니 바로 백만탑다라니경(百萬塔陀羅尼經)이었다. 필자는 2019년 7월 경성대 한국한자연구소 일행과 함께 중국을 다녀온 뒤『한글+漢字문화』(2020.9~11월호)에「낙양에서 만난 측천무후와 세계문자 전쟁」이라는 제목으로 3회 연속 게재한 바 있다. 그때 일본의 백만탑다라니경 이미지를 제대로 구하지 못해 텍스트로만 기술해야 했던 답답한 기억이 남아있기 때문이었다.

전시된 백만탑과 그 잔재들은 나라시대 헤이조궁(平城宮)이 있던 곳에서 출토된 것이다. 탑 조성은 764년 9월 시작해 770년 4월에 완료되었으니 무려 5년 반이 걸린 대사업이었다. 단순 계산해서 하루에 소탑 500개씩을 만든 셈이다. 불탑은 탑신부와 상륜부로 이루어져 있고, 높이가 21.5cm인 소형이다. 당시 나라 주변의 10개 절에 10만 기를 각각 분산 배치했고, 호류지(法隆寺)에서만 45,700여 기가 발견되었다. 제작한 장인 이름과 연도를 기록한 묵서가 밑바닥에 남아있어서 정확한 정보를 얻게 되었다.

상륜부의 최상층을 뽑으면 그 안이 비게 만들었으니 다라니경을 안치하는 용도였다. 그렇다고 탑마다 경전을 넣지는 않았고, 백만탑 제작이 1만기나 10만기에 도달할 때 경전을 목판으로 인쇄해 넣은 것으로 추정한다. 현재 잔존하는 경전들은 세로 5~8cm, 가로 24~51cm의 크기이다.

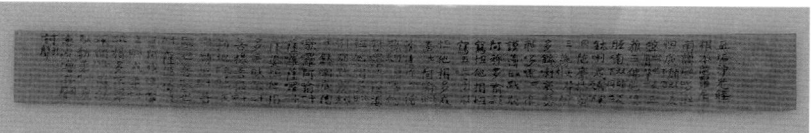

[그림 8] 호류지에서 만난 무구정광근본다라니경(약칭 다라니경). 복제본.

그렇다면 국가 차원에서 다라니경을 탑 속에 왜 봉안했는가. 여기서 주목되는 인물이 조정의 최고 실권자였던 후지와라노 나카마로(藤原仲麻呂)이다. 당시 권력을 독점하던 후지와라 가문에 대한 불만 세력이 거세지자 그는 759년 신라 침공을 계획했다. 거창하게 준비하던 중 762년 입지 약화로 흐지부지하게 되었고, 정국을 반전시키기 위해 764년 9월 구데타를 일으켰으나 천황군과 대치 끝에 결국 패배해 참수되었다.

현재 호류지의 백만탑 상륜부에서 발견된 무구정광근본다라니경(無垢淨光根本陀羅尼經)의 '다라니'는 지혜나 삼매를 뜻하는 산스크리트어 'Dharani'를 음차한 표기이다. 단어 전체를 알기 쉽게 풀이하면 "세상을 티끌 없이 청정하도록 비추는데 근본이 되는 다라니경"이다. 일반적으로 다라니경은 탑을 창건할 때 불자들이 현세의 죄업을 소멸하고 수명을 연장하며, 죽은 뒤 극락세계에 태어나려는 기원을 담아 외우는 주문이다. 탑을 돌며 이 주문을 제대로 암송하고 나면 그 속에 넣는다. 호류지의 다라니는 여느 것과 마찬가지로 조탑(造塔)의 공덕으로 일체를 청정하게 하고 악적(惡賊)이나 원적(怨賊)을 무찌른다고 하는 불교이념에 근거한다. 곧 천황은 쿠데타로 이반된 민심을 결집하고 안정된 권력 구도를 발원하기 위해 백만탑을 조성했고, 이에 따라 다수의 탑 속에 다라니경을 안치한 것이다.

문제는 세계인쇄사에서 차지하는 다라니경의 위상을 설명한 부분이다. "인쇄 기법은 아직 해명되지 않았지만 오늘날 남아있는 세계에서 가장 오래된 인쇄물로 저명하다.(印刷技法はまだ解明されていないが, 今日殘る世界でもつと古い印刷物として著名である)"라고 했다. 이 주장은 1966년 불국사 석가탑을 보수할 때 발견된 무구정광대다라니경(無垢淨光大陀羅尼經)의 존재로

설득력을 잃었다는 사실이다. 중국 측에서는 거기에 사용된 측천문자를 근거로 당나라가 신라 사신에게 선사한 인쇄물이라고 밀어붙이고 있다. 그러나 측천문자가 고려 고종 때 간행된 불경에도 두루 쓰인 사실은 그들의 편협한 논리를 반박하는 좋은 증거이다. 다라니경의 종이 성질이나 서체, 조탑 과정을 복합적으로 고찰할 때 신라 다라니경은 706년 이전으로 앞당길 수 있다.

세계 최고(最古)의 금속 활자본과 목판 인쇄물을 보유하고 있는 곳이 우리나라이다. 나고야대학 이노우에 스스무(井上進) 교수도 2002년에 출간한 자신의 『중국출판문화사』(국내번역본, 2012, 123쪽)에서 대략 751년 무렵의 신라 다라니경을 현존하는 세계 최고의 목판본으로 높이 치켜세웠다. 이 방면의 권위자가 벌써 20년 전에 내린 결론이다. 호류지에서 '득템'한 백만탑다라니경이 복제본이기는 하나 현지에서 보고 싶었던 실물이라 반가웠다. 하지만 그들은 한참 철 지난 과거 학설에 머물고 있었다는 점이다. 그날 오후 헤이조궁에 앞서 관람한 나라국립박물관(奈良國立博物館)은 다라니경에 대한 정보를 자세하고도 체계적으로 제공하고 있었는데, 호류지에서 보았던 주장을 되풀이하고 있음을 거듭 확인했다. 나라의 두 박물관은 일본학자의 자존심을 대변하는 스스무 교수의 객관적 견해를 겸허하게 경청해야 마땅하다.

다라니경은 한중일이 참여하는 치열한 전장이다. 겉으로 조용해 보일 뿐이다. 논거가 치밀할수록 승리할 확률이 높아진다. 세계문자 전쟁에 임하는 각오를 더욱 다져야겠다는 다짐을 하면서도 뒷맛은 썩 개운치 않았다.

3. 조선통신사가 참상을 통탄한 교토시의 이총(耳塚)

여행 사흘째인 2월 3일, 교토부 우지시(宇治市)의 세계문화유산이자 국보인 뵤도인(平等院)을 찾았다. 미나모토노 토오루(源融, 822~895)가 시골 별장으로 지은 것이 시초이고, 1052년 관백 후지와라노 요리미치(藤原賴通)가 불교사원으로 바꾸었다. 주 건물인 봉황당(鳳凰堂)이 10엔 주화에 도안으로 새겨져 더욱 유명하다. 화려한 건물과 해자 형태의 저수지가 조화롭게 어우러진 경치가 무척 인상적이었다.

[그림 9] 우지(宇治)의 겐지모노가타리 뮤지엄.

일본 특유의 정원문화를 감상한 뒤 우지천(宇治川) 건너편에 있는 '겐지모노가타리(源氏物語) 뮤지엄'으로 발길을 옮겼다. 예상과는 달리 단층의 박물관은 소박했고, 작품을 활용한 다양한 콘텐츠가 눈에 띄었다.

필자는 1884년 일본에서 간행된 대총본(大塚本) 『금오신화』의 서발문과 난두의 비평을 지은 일본 지식인들의 학문적 성향을 분석한 바가 있다. 꼭 30년 전이다. 비교문학적 시각에서 『오도끼보코(伽婢子)』(1666)를 주목하는 것은 당연한 연구의 지향점이었고, 자연스레 서사 원류가 되는

『겐지모토가타리』에 관심을 가질 수밖에 없었다. 그래서 그 문학 현장을 꼭 찾고 싶었다.

주지하다시피 김시습(1435~1493)의 『금오신화』는 최초의 한문소설이고, 1997년 발견된 채수(1449~1515)의 「설공찬전」은 최초의 한글소설이다. 15세기 후반에 한국 고소설이 본격적인 형성된 것에 비해 일본의 서사문학은 우리보다 4세기나 빠르게 출현했다. 그 진수를 보여주는 작품이 헤이안시대의 궁녀였던 무라사키 시키부(紫式部)가 사망하기 직전인 1010년 전후로 창작한 장편 대하소설『겐지모노가타리』이다. 헤이안시대 궁정사회의 실상과 인과응보의 인생관을 스케일이 방대한 서사로 녹여냈다. 2000년 아사히신문사가 실시한 '지난 1천 년간 일본 최고의 문인인 누군가?'라는 설문에서 나쓰메 소세키에 이어 2위를 차지한 인물이 바로 무라사키 시키부였다.

[그림 10] 우지교(宇治橋)와 무라사키 시키부 상.
다리 저 멀리 북쪽 산자락에 박물관이 있다.

박물관을 내려와 우지천을 가로지르는 우지교를 걸었다. 넓은 강에서 불어오는 바람이 제법 쌀쌀했다. 다리 끝자락의 쌈지공원에는 무라사키 시키부 상이 있었다. 우지라이온스클럽에서 2003년 12월 세운 것인데 우지와 『겐지모노가타리』의 내용을 결부해 장소성을 높였다. 예컨대 소설 속 주인공인 히카루 겐지(光源氏)의 실제 모델로 유력하게 언급되는 미나모토노 토오루는 앞에서 말한 뵤도인을 창건한 인물이 아니던가. 그리고 흔히 우지(宇治) 10첩(권)이라 칭하는 45첩 「하시히메(橋姬)」부터 54첩 「유메노우키하시(夢浮橋)」까지의 작품 무대가 우지이다. 이런 연유로 현재 위치에 박물관이 자리를 잡았고, 시키부 상을 건립해 문화적 기억을 단단히 저장하고자 했다. 점심 식사 후 교토부다업회의소(京都府茶業會議所)에서 운영하는 우지다도장에 들러 말차(抹茶) 한 잔으로 추위를 잠깐 녹였다.

언젠가는 『겐지모노가타리』를 한번 읽어보리라 하고 다음으로 향한 곳은 1164년에 창건된 일본 국보 산쥬산겐도(三十三間堂)이다. 교토시 히가시야마구(東山區)에 있고, 교토역에서 10분 이내의 거리이다. 기둥과 기둥 사이의 33칸이 암시하듯 거대한 규모의 목조건물에 시선이 압도되었다. 상식적이지만 기둥은 총 34개이고, 남북 길이가 약 120m이다. 33이라는 숫자가 워낙 상징적이

[그림 11] 천수관음상 앞에서 인증 샷.

어서 원래 이름인 연화왕원(蓮華王院)을 대신하고 있다. 그뿐이 아니다. 법당 내부에 봉안된 각양각색의 불상, 조각의 섬세함과 화려함에 경탄이 절로 나왔다. 1001개의 불상이 모두 국보이기도 하다. 촬영이 금지된 탓에

부득이 출구 마루의 천수관음상 앞에 앉아 진미리 학생연구원의 도움을 받아 인증 사진을 찍은 뒤, 탐방 기념으로 사찰을 소개한 작은 책자와 문서 보관용 비닐 케이스를 구입하는 것으로 만족했다.

이어서 길 건너 교토국립박물관(京都國立博物館)에 도착했다. 이 박물관은 2014년 개관한 헤이세이치신칸(平成知新館)과 1897년 개관한 메이지코토칸(明治古都館) 두 동으로 되어 있으나 후자는 문을 열지 않아 관람하지 못했다. 원래 이 자리에는 도요토미 히데요시(豊臣秀吉, 1537~1598)가 창건한 호코지(方廣寺)가 있었다. 그는 나라의 도다이지(東大寺) 대불을 모방해 1586년 대불전(大佛殿)을 조영하기 시작해 1595년에 완성했다. 이듬해 지진으로 붕괴하자 아들 도요토미 히데요리(豊臣秀賴, 1593~1615)가 정비했다. 조선통신사들이 대불사(大佛寺)라 부른 호코지는 메이지시대 불교 탄압으로 황폐화되었는데, 원래 경역은 대단히 넓어 지금의 도요쿠니신사(豊國神社)와 신사 남쪽의 이총(耳塚, 미미즈카)까지를 포함했다.

[그림 12] 이총(耳塚)을 방문한 뒤 도요쿠니신사(豊國神社)로 이동하는 우리 일행들.

신관 소장품들 둘러보고 신사로 바삐 향했다. 박물관 담장을 돌아서니 어두침침한 하늘에 석양빛이 감돌았다. 도요쿠니신사는 여기에만 있는 것은 아니다. 히데요시와 인연이 있는 지역에서 주신으로 모셨거나 기존의 제신과 합사해 지내는 신사가 교토를 위시해 오사카, 나가하마, 나고야 등에 일곱 개가 있다. 히데요시의 묘가 동쪽으로 1km 떨어진 산 정상에 있는 것을 고려하면 이곳 신사가 특별한 의미가 있다고 하겠다. 신사보다 귀무덤에 관심이 더 컸기에 발걸음을 더욱 재촉했다. 신사 입구에서 걸어 5분 만에 도착했다.

둥그런 봉분, 한국인이라면 한 번쯤 찾게 만드는 바로 그 귀무덤이다. 꼭대기의 탑이 낯설기만 하고, 그와 반비례해서 뭐라 한 단어로 표현할 수 없는 감정이 가슴 깊숙한 곳에서 꿈틀거렸다. 잠시 숨을 고르고 안내판을 주시했다. 사적의 정식 명칭은 '호코지(方廣寺) 석첩(石疊) 및 석탑(石塔)'이고, 1969년 4월 12일 지정되었다. 한국 관광객이 많은 관계로 일문과 한글을 병기했다. 귀무덤에 대한 일본인들의 생각이 어떤지를 소개하는 차원에서 2003년 3월 교토시에서 적은 한글 전문을 인용한다.

    이 무덤은 16세기말 일본 전국을 통일한 토요토미 히데요시(豊臣秀吉)가 대륙 진출의 야심을 품고 한반도를 침공한 이른바 "분로쿠(文祿) 게이초(慶長)의 역(한국역사에서는 임진왜란 및 정유재란, 1592~1598)"과 관련된 유적이다.
    히데요시 휘하의 무장들은 예로부터 전공의 표식이었던 적군의 목 대신에 조선 군민 남녀의 코나 귀를 베어 소금에 절여서 일본에 가지고 돌아왔다. 이러한 전공품은 히데요시의 명에 따라 이곳에 매장되어 공양의식이 거행되었다고 한다. 이것이 오늘날까지 전해 내려오는 귀 무덤(코 무덤)의 유래이다.
    귀 무덤(코 무덤)은 사적 오도이(御土居)토성 등과 함께 교토에 현존하는 토요토미 히데요시 유적 중의 하나이며, 무덤 위에 세워진 오륜 석탑은 1643년에 그려진 그림지도에도 이미 그 모습이 나타나고 있어 무덤이 축조된 지 얼마 지나지 않아 창건되었다고 추정된다.

히데요시가 일으킨 이 전쟁은 한반도 긴중들의 끈질긴 저항에 패퇴함으로서 막을 내렸으니 전란이 남긴 이 귀 무덤(코 무덤)은 전란 하에 입은 조선민중의 수난을 역사의 교훈으로서 오늘날까지 전해지고 있다.

[그림 13] 도요쿠니신사 근처의 귀무덤.

임진왜란 때 조선 민중이 당한 수난을 객관적으로 서술한 것이라 하겠으나 마지막 문장의 "역사의 교훈"이라는 단어가 눈에 거슬렸다. 교훈의 사전적 의미는 앞으로의 행동이나 생활에 도움이 되거나 참고할 만한 경험적 사실이다. 히데요시가 전과를 증명하기 위해 조선 군민 남녀의 코나 귀를 베어갔고, 공양 의식을 치르기 위해 작은 탑을 만든 것은 경험적 사실이다. 그러나 해당 문구에는 인류 문명을 헤치고 인간의 존엄성을 짓밟은 그들의 잔학상에 대해 반성이 명확히 드러나지 않는다. 전쟁에서 포상을 노려 전사한 군인의 신체를 훼손할 수는 있다 하더라도 연약한 여자나 어린아이는 야욕을 성취하는 대상으로 삼을 수 없는 법이다. 도대체 일본인이 귀무덤에서 얻고자 하는 역사의 교훈은 무엇을 말하는가.

이 치욕스러운 현장은 정유재란 때 일본에 포로로 잡혀 왔던 강항(1567~1618)의 『간양록』에 처음 나타난다. 우리나라 사람의 코를 베어서 소금에 절인 뒤 히데요시에게 보내어 대불사 곁에 묻었는데 높이가 하나의 언덕을 이루었다고 했다.

임란 후 1607년 제1차 통신사(당시 명칭은 회답 겸 쇄환사, 1636년 4차 병자사행 때부터 통신사 명칭 사용) 부사(副使)로 일본을 다녀온 경섬(1562~1620)은 『해사록』에서 동년 4월 9일 봉분을 찾은 뒤 코를 베서 쌓은 것이라 여겨 비총(鼻塚)이라 표현했고, 23일에는 산쥬산겐도와 기요미즈데라(淸水寺) 등의 명소에 들렀다.

1617년 제2차 정사사행 때의 종사관 이경직(1577~1640)은 8월 26일 대불사 앞의 구릉과 석탑(石塔)을 직접 찾았다. 왜인들의 말을 빌려 히데요시가 조선 사람의 사람 귀와 코를 모아 땅에 묻었으며, 그가 죽은 뒤 아들 히데요리가 봉분을 만들고 비를 세웠다고 했다. 당시 그 말을 듣고 "뼈에 사무치는 통분을 견딜 수 없었다."라 하며 울분을 토했다.

1624년 제3차 갑자사행 때의 부사(副使) 강홍중(1577~1642)은 이경직과 마찬가지의 내용을 실었고, 진주성이 함락한 뒤에 그 머리를 가져와 이곳에 묻었다는 어떤 왜인의 말을 인용하고는 "통분한 마음을 금할 수 없었다."라고 비애감을 표출했다.

1763년 제11차 계미사행 때 서기로 도일한 원중거(1719~1790)는 『승사록』(번역본은 『조선후기 지식인, 일본과 만나다』)에서 대불사의 무덤을 보고는 진주가 함락된 뒤 왜인들이 우리나라 사람들의 콧등을 꿰어서 돌아가 만든 비총(鼻塚)이라 했다.

비단 통신사가 아니더라도 이 무덤에 대한 기록이 여럿 있다. 예를 들어 조경남(1570~1641)은 『난중잡록』에서 히데요시가 베어 온 코를 검열했다고 기술했다. 그리고 김시양(1581~1643)은 『자해필담』에서 정유재란 때 왜적이 조선 사람을 만나면 죽이고 그 코를 베 갔다고 했다. 이뿐만 아니라 이덕무(1741~1793)는 『청장관전서』에서 봉분을 이총(耳塚)이라 부르면서 귀와 코를 묻은 것이라 했다.

이처럼 기록자에 따라 봉분의 성격을 귀무덤, 코무덤, 귀와 코 무덤으로 달리 표현했다. 귀나 코를 베서 가져간 그 전쟁터가 남원이든 진주든 굳이 특정하지 않더라도 왜적들은 닥치는 대로 전공의 증표로서 악행을 저질렀음은 두말할 나위가 없다.

귀무덤 가까이 있는 대불사는 관백이 통신사들에게 연향을 베푸는 장소였다. 사행의 필수 코스인 연향에 참석하는 통신사는 이곳을 지나가면서 모욕감을 느낄 수밖에 없었으니, 저들은 그 점을 이용해 통신사의 기를 죽이는 외교 술책을 부린 것이다.

이와 관련해 1748년 제10차 무진사행의 종사관 조명채(1700~1764)가 저술한 「봉사일본시문견록(奉使日本時聞見錄)」에 흥미로운 대목이 있다. 1719년 기해사행 때 관백이 대불사에서 연향을 베풀었는데, 종사관 이명언(李明彦)은 귀무덤이 히데요시의 원당(願堂)인 이 절에 있다고 하여 사절하고 들어가지 않았다. 생각건대 귀무덤 옆에서 열리는 잔치와 풍악은 사신들에게 큰 고통을 주었으리라. 이에 관백이 비장해 둔 문서를 꺼내 보이며 히데요시의 원당이 아니라고 강변하자, 사신들이 그제서야 연향을 받는 일이 있었다. 30년 뒤 조명채는 『화한삼재도회(和漢三才圖會)』(1712년경)

를 통해 당시 그 사료가 위조된 것임을 알았고, 이를 눈치챈 관백이 시끄러운 단서를 다시 일으키고 싶지 않아서 대불사 연향 절차를 빼버렸다는 이야기이다. 그렇다 하더라도 계미사행의 제술관 남옥(1722~1770)이 『일관기』(번역본은 『붓끝으로 부사산 바람을 가르다』)에서 기록한 것처럼, 발길이 쉬이 닿는 귀무덤은 통신사가 수치를 품고 지나갈 수밖에 없는 곳이었다. 그가 이곳을 처음 찾은 시기는 1764년 1월 29일이었고, 귀국 도중 오사카성에서 머문 지 사흘째 되던 4월 7일 역관 최천종(崔天宗) 피살 사건이 일어나 사행길 분위기는 최악이었다.

귀무덤은 반인류적 잔악한 행위의 소산이다. 가해자의 원당을 상징하는 무덤 위 석탑은 이중의 고통을 안겨준다. 신체 일부를 먼 이국에 묻어 원혼을 정처 없이 떠돌게 한 행위는 어떤 명분으로도 합리화될 수 없다. 불교적 바탕에서 발원의 수단이나 공양의식의 대상으로 삼은들 해원이 될 리가 없다. 최천종 사건 직전인 4월 4일 이곳을 찾은 원중거는 『화국지』(번역본은 『와신상담의 마음으로 일본을 기록하다』)에서 "아, 수길의 악은 아직도 차마 붓을 적셔 적을 수가 없다."라고 통탄해 마지않았다.

한편 귀무덤 계단 왼쪽에 낡은 비석 하나가 육중하게 서 있다. 위치는 도요토미 히데요리가 봉분을 정비한 뒤 비석을 세웠다고 한 그 자리로 짐작되었다. 언뜻 보아도 글자가 마모되어 희뿌연 하늘처럼 정체가 모호할 뿐이었다. 작년부터 한자연구소 프로젝트의 하나로 밀양 전역의 고비(古碑)를 탁본하고 있는 터라 강한 호기심을 억제할 수 없었다. 귀국 후 인터넷을 뒤지다가 관련 사이트를 용케 찾았다. 놀랍게도 이토 히로부미(伊藤博文)의 지원으로 결성된 극우 단체 풍국회(豊國會)가 도요토미 히데요시가 죽은 지 300주년이 되던 1898년 3월에 건립한 '이총수영공양비(耳

塚修營供養碑)'였다. 크기는 높이 169cm, 넓이 122cm이다. 봉분 수리와 추도제를 기념한 비문은 승려 무라타 사준(村田寂順)이 짓고, 전액은 육군대장 아키히토친왕(彰仁親王)이 썼다.

미사여구로 분칠한 비문 줄거리를 요약하면 이렇다. 히데요시가 싸우다 죽은 적군을 불쌍히 여겨 비총(鼻塚)을 만들었고, 피아(彼我)를 구분하지 않고 평등하게 공양한 은

[그림 14] 풍국회(豊國會)가 세운 귀무덤 보수기념비(1898)

덕은 해외에까지 미쳤다. 그리고 4년 전의 청일전쟁은 조선 독립을 돕고 동양 평화를 위한 것으로 히데요시의 성덕(盛德)을 계승한 의미가 있다고 했다. 이에 따라 코무덤은 자비심의 발현이고 권력 확장의 상징이라 표현했다. 말하자면 조폭이 제 마음대로 패고 연고를 발라주는 격이다. 이것이야말로 전쟁에 광분하던 자의 심한 망발이자 궤변의 극치가 아니고 뭐랴. 한국인의 반발을 예상해서인지 안내판에 한 줄도 기록하지 않았다.

교토시가 이총(耳塚)에 대해 경험적 사실만을 부각한 것은 위 비문의 연장선에 불과하며 그릇된 역사 인식이다. 교훈은 잘못된 과거사를 진정하게 반성할 때 뒤따라온다. 교훈은 인류사회를 평화공동체로 만드는 미래지향적인 통찰력을 말한다. 향후 퇴색한 안내판을 교체할 때 거시적인 안목 속에서 동아시아의 공존번영을 강조한 내용이 들어가길 바란다.

이웃 나라의 나라와 교토는 도처에 국보가 있었다. 외국 여행이 늘 그렇지만 빡빡한 일정을 따라가느라 세계적인 유산들을 충분히 살피지 못했지만 오래갈 추억도 많이 얻었다. 우리나라의 역사 문화와 관련된 장소를 횡단하며 보고 느낀 대로 문화적 기억을 원고에 담아보았다. 여기에 싣지 못한 명소는 다른 집필자의 개성미 돋보이는 글로 대신한다. -끝-

[그림 15] 입장권 모음.

참고문헌

강용자, 『만엽집 읽기』(세창명저산책 10), 세창미디어, 2013.
김영회, 『천년 향가의 비밀』, 북랩, 2019.
남옥 저/김보경 옮김, 『붓끝으로 부사산 바람을 가르다』, 소명출판, 2006.
박찬기, 『조선통신사와 일본근세문학』, 보고사, 2001.
원중거 저/김경숙 옮김, 『조선후기 지식인, 일본과 만나다』, 소명출판, 2006.
원중거 저/박재금 옮김, 『와신상담의 마음으로 일본을 기록하다』, 소명출판, 2006.
이영희, 『노래하는 역사』, 조선일보사출판국, 1994.
최광준 역, 『만요슈』1~3, 국학자료원, 2018.
하강진, 「대총본 『금오신화』 체재에서 본 독자층 성향」, 『한국문학논총』 17집, 한국문학회, 1995.
하강진, 「낙양에서 만난 측천무후와 세계문자 전쟁」 1~3, 『한글+漢字문화』 통권 제254~256호, 2020.9~11월호.
이노우에 스스무(井上進) 저/이동철 외 옮김, 『중국 출판문화사』, 민음사, 2012.
https://www2.city.kyoto.lg.jp. "耳塚修營供養碑".

12

'한검(漢檢) 한자박물관'과 '일본한자능력검정협회'에 대하여

홍유빈

1. 머리말

2024년 2월 1일부터 5일까지 일본 관서(關西) 지역 한자역사기행이 있었다. 이에 한자역사기행 일행은 5일 동안 나라와 교토 그리고 오사카 지역의 박물관 및 문화관을 견학하면서, 일본의 서쪽지역이자 고대 일본의 수도였던 관서 지역을 탐방하였다. 우선 첫날에는 간사이국제공항에 도착한 뒤 나라로 이동해 만요문화관을 방문하였으며, 그 다음날에는 나라 국립박물관과 헤이조궁을 둘러보았다. 3일에는 교토로 이동하여 겐지모노가타리 뮤지엄 및 건인사 등을 방문하였다. 다음날인 4일에는 오사카로 이동한 뒤 한검한자박물관과 교토 국립박물관에서 상설전시관 등을 관람하였다. 이러한 일정으로 진행된 이번 한자역사기행을 통해 일본 내에 있는 한자관련 유적 및 박물관의 자료들을 살펴보았으며, 향후 한자 관련 연구를 하는 데에 있어 도움이 되는 소중한 경험이 되었다.

2. '한검(漢檢) 한자박물관'과 '일본한자능력검정협회'의 활동

특히 필자의 경우 같은 한자문화권인 한(韓)·중(中)·일(日)의 한자 교육과 그 미래에 대해 관심이 있었기에, 과거의 문화유적 못지않게 현재 일본의 한자 교육에 대한 궁금증이 있었다. 이러한 점에서 4일에 있었던 일본 교토에 있는 '한검(漢檢) 한자박물관' 방문은 뜻깊은 경험이었다.

1) '한검(漢檢) 한자박물관'에 대하여

'한검(漢檢) 한자박물관'에서의 '한검(漢檢)'은 한자능력검정(漢字能力檢定)의 줄임말이다. 일본에는 공익 재단법인인 '일본한자능력검정협회(日本漢字能力檢定協會)'가 있는데, 본 한자박물관은 바로 이 협회 소속인 것이다. 본 협회가 설립된 목적은 그 이름으로 알 수 있는 바와 같이 '일본 사람들의 한자능력을 검정하는 것'이라 할 수 있다. 우리나라에도 한국어문회(韓國語文會) 등과 같은 한자능력을 검정하는 단체들이 있는데, 일본의 '일본한자능력검정협회' 역시 그러한 역할을 담당하는 기관이라 할 수 있다. 이 단체의 인터넷 홈페이지에 들어가 보면 핵심 목표 세 가지가 제시되어 있는데,[1] 그 내용은 다음과 같다.

① 일본어 및 한자를 향한 흥미와 관심을 환기시키기
② 일본어 및 한자의 학습을 촉진시키기
③ 일본어 및 한자 능력을 육성시키기

그리고 이러한 목표는 서로 순환하면서 영향을 주는 것으로 표현하고 있다. 그런데 이러한 목표에서 눈에 띄는 점은 한자의 학습을 일본어 능력과 결부시키고 있다는 점이다. 주지하는 바와 같이, 일본어 문장은 한자(漢字)와 가나(かな)를 혼용하는 것을 기본으로 하고 있다. 물론 짧은 메모나 급박한 상황에서의 의사소통에서는 가나만을 사용하는 예도 있지만 그러한 경우는 예외적인 것이고, 일반적인 경우에는 혼용을 원칙으로 한다. 이에 따라 일본에서 생활하는 경우 관공서에서 서류를 작성하거나 신문이나 책을 읽기 위해서는 한자를 아는 것이 필수적이라 할 수 있다. 특히 일본어에서 있어 '한자'는 개념을 '가나'는 문법요소의 역할을 주로 담당하기에, 한자를 알지 못하면 일본어로 된 글을 읽는 것에 심각한 제약이 따른다. 이러한 특징은 한글만으로도 일상적인 생활이나 독서행위가 어느 정도 가능한 우리나라와는 크게 다른 점이라 할 수 있다. 이렇게

---

1   https://www.kanken.or.jp/project/

볼 때, 일본에 있어서 한자(漢字)를 학습하는 것은 '필요'를 넘어선 '필수'의 영역인 것이다. 이와 같은 차원에서 일본한자능력검정협회는 한자문화 보급과 관련해서 박물관을 운영하거나 관련된 신문 혹은 잡지를 발행하는 사업을 실시하고 있다. 이번에 방문한 '한검(漢檢) 한자박물관' 역시 바로 이러한 취지에서 만들어진 공간인 것이다. 본 건물의 경우 1층은 한자 관련 자료를 전시해 놓은 전시관으로 사용하고 있으며, 2층은 한자 관련 학습서와 같은 책들을 비치해 놓은 도서관으로 활용되고 있다.

1층 전시관	2층 도서관

갑골문 체험 부스	한자 도서관

사진 출처: https://www.kanjimuseum.kyoto/course/family.html

본 박물관이 위치한 곳은 교토(京都)의 기온(祇園)이며, 이번에 방문해 본 바 도심에 위치하고 있어서 접근성이 좋았던 것으로 기억된다. 이러한 까닭에 박물관에는 어린이와 함께 온 가족 방문객이 다수 있었으며, 전시관에 설치된 부스에서 다양한 활동을 하면서 한자를 체험하고 있는 것을 목격하였다. 아울러 2층에 있는 도서관의 경우 한자와 관련된 책들이 다수 비치되어, 어린이들을 중심으로 한자에 관심이 있는 학습자들의 학습의지를 높이는 데에 큰 역할을 할 것으로 생각된다.

2) '한검(漢檢) 저널'과 그 속의 한자칼럼에 대하여

한편 박물관에 비치되어있는 '한검 신문'과 '한검 저널'이라는 이름의 정보지를 보게 되었는데, 이 역시 본 협회에서 발행하고 있는 것이었다.

한검(漢檢) 신문

한검(漢檢) 저널

이중에서 한검 신문은 1장짜리 신문이라서 분량상 많은 정보를 싣기에는 한계가 있는 것으로 보인다. 이에 비해 한검 저널은 15페이지 가량이며, '메인기사' 및 전문가들의 '기고문' 그리고 '한자 퀴즈' 등 보다 다채로운 내용이 내실 있게 수록되어 있다. 특히 본 잡지에는 부록으로 한검 일본한자능력검정 문제 초록(1급~10급)을 제공하고 있는 점이 눈에 띈다. 물론 B4사이즈 정도 크기의 앞뒤 한 장이며 문제의 수도 많지 않기에, 이를 가지고 한자 시험을 대비하는 것은 무리일 것이다. 그러나 고급인 1급부터 낮은 등급인 10급까지의 문제가 한 번에 실려 있어, 해당 문제들을 풀면서 자신이 어떤 수준인지 파악하는 일종의 길잡이 역할은 할 수 있을 듯하다. 아울러 제시된 문제를 푸는 과정에서 본 검정시험의 문제

스타일을 익히는 데에도 도움이 되리라 생각한다.

아울러 잡지 뒷부분에는 '한자 이야기'라는 칼럼난이 있다. '알려 두고 싶은(知っておきたい)'이라는 부제에서 알 수 있는 바와 같이, 이 칼럼은 한자에 관한 일반 상식을 제공하기 위해 마련된 부분이라 할 수 있다. 그 주제로는 '한자의 개수가 많은 이유(vol.32)'라든지, '서로 바꿔 쓸 수 있는 한자들(vol.33)'과 같은 내용이 있다. 한자와 관련된 일반 상식이라고는 했지만, 그 내용을 들여다보면 근거가 되는 자서(字書: 한자사전)를 소개하는 등 전문적인 면모도 갖추고 있음을 확인할 수 있었다.

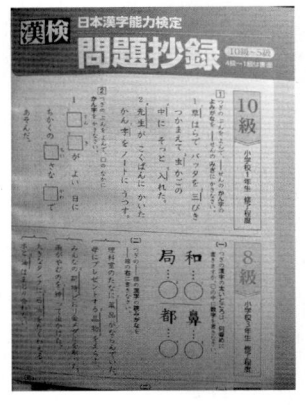 

한검(漢檢) 문제초록　　　　　　　　한자 이야기

참고로 31회부터 37회까지의 내용을 살펴보면 다음과 같다.

① '한문(漢文)은 왜 세로로 쓸까?' (vol.31)

이 칼럼에서는 중국 고대의 서적의 문장인 '한문(漢文)'은 왜 세로쓰기를 하였는지에 대해 논의하고 있다. 그 내용에 따르면 중국에서 세로쓰기를 한 역사는 멀리 '갑골문자(甲骨文字)'를 썼던 시대까지 거슬러 올라간다. 주지하다시피 갑골문자라 함은 거북이의 배딱지나 소의 어깨뼈 등에 새겨 넣은 글자이다. 그런데 이러한 거북이의 배곽지나 소의 어깨뼈는 그 재질이 딱딱하기 때문에, 거기에 칼로 글을 새겨 넣는 것이 기본적으로 어려우며, 힘들여 새겨 넣는다 하더라도 가로로 새겨 넣는 것은 극도로 어려웠다는 것이다. 이에 이러한 어려움에 따라 갑골문은 기본적으로 세로로 쓰는 방향으로 성립되었던 것이다.

한편 이러한 갑골문자뿐만 아니라, 대나무나 나무 조각에 글을 쓴 '죽간(竹簡)'이나 '목간(木簡)'의 경우에도 세로쓰기가 용이했다고 한다. 즉 갑골문자가 있던 시대에도 '죽간'과 '목간'은 이미 있었는데, 발굴 및 출토된 문물을 통해 볼 때 길이는 길면서도 폭은 좁아서 문자를 쓸 때 필연적으로 세로로 쓰는 것이 편리했다는 것이다. 아울러 중국 고대의 '죽간'과 '목간'의 존재는 오늘날의 한자에도 남아있는데, '冊(책 책)'과 '典(법 전)'이 그것이다. 즉 '冊(책 책)'은 이러한 죽간을 실로 꿰어서 만든 책의 모양이며, '典(법 전)'은 이러한 책을 두 손으로 받든 모습인 것이다. 본 칼럼에서는 중국에서의 이러한 세로쓰기의 역사가 문자기록의 도구 및 환경에 따라 자연스럽게 형성된 것이라고 보고 있다.

아울러 본 칼럼의 서두에 밝히고 있는 바와 같이, 동양과 서양은 글자를 쓰는 방향이 다름을 알 수 있다. 크게 보면 가로쓰기와 세로쓰기로 나눌 수 있고, 가로쓰기의 경우에도 왼쪽에서 오른쪽으로 쓰는 언어와 오른쪽에서 왼쪽으로 쓰는 언어로 나눌 수 있다. 먼저 가로쓰기는 대부분의 서양어권(西洋語圈)의 경향이며, 세로쓰기는 중국(中國)·일본(日本) 등 한자문화권(漢字文化圈)에서 주로 이루어지고 있다. 우리나라의 경우 과거에는 세로쓰기를 주로 하다가 점차 가로쓰기가 많아져서, 현재는 거의 가로쓰기가 일반화된 듯하다. 이에 비해 중국과 일본의 경우에는 책이나 신문 등으로 보면 한국에 비해 여전히 세로쓰기가 남아있음이 확인된다. 예전부터 이러한 동북아권의 세로쓰기의 습관과 그 기원이 궁금했었는데, 본 칼럼의 내용을 통해 그 이유를 알게 되어 유익했다.[2]

② '한자는 왜 이렇게 많을까?' (vol.32)

이 칼럼에서는 한자가 많은 이유를 설명해 놓았는데, 핵심은 한자는 표의문자로서 세상에 존재하는 개별 사물들에 대해 하나하나 이름을 부여했기 때문이라는 것이다. 하늘을 날아다니는 새를 예로 들면, 세상에는 무수히 많은 새들이 있는데, 각각의 새들에 별도의 이름을 부여했다는 것이다. 새와 관련된 계열은 주로 '鳥'와 '隹' 계열로 구분되는데, 먼저 '鳥' 계열을 보면 '구구'하는 소리를 내는 '비둘기'는 '鳥'에 '九(구)'를 붙여서 '鳩(비둘기 구)'라는 글자를 만들었다. 한편 우리가 사는 주변에 자주 보이는 '참새'는 '隹' 계열인데, 참새는 몸집이 작기에 '少(적을 소)'자를 붙여서 '雀(참새 작)'이라는 글자를 만들었다. 이에 이러한 분류를 적용해 보면, '鳥' 계열은 '鷄(닭 계)', '鶯(꾀꼬리 앵)', '鷲(독수리 취)', '鶴(두루미 학)', '鷺(해오라기 로)', '鵝(거위 아)' 등이 있다. 그리고 '隹' 계열은 방금 언급한 '雀(참새 작)'과 '雁(기러기 안)' 등이 있다. 이러한 식으로 한 종류의 새를 하나의 한자로 표현한 것이다. 그리고 이러한 새 뿐만 아니라 그 외의 동물들 및 풀과 나무들에도 종류마다 각각 다른 이름을 부여한 한자들이 있다. 아울러

---

2   일본한자능력검정협회, 〈한검(漢檢) 저널〉 31호, 2020년 10월 발행, 7면 참조.

구체적인 사물뿐만 아니라 추상적인 개념도 하나의 한자로 표현하였는데, '夢(꿈 몽)', '愛(사랑 애)', '生(생명 생)', '死(죽음 사)' 등이 그에 해당한다.

인간이 살아가는 데 있어 이러한 구체적 사물 및 추상적 개념들은 수 없이 많은데, 표음문자 계열의 경우 'love'나 '사랑' 이런 식으로 단어를 만들지만, 한자는 표의문자로서 '愛'라는 한 글자로서 표현한 것이다. 이에 일본의 '상용한자표'에는 2,136개의 한자가 있으며, J-S한자는 10,000자 그리고 일본 최대의 사전에는 50,000자라는 많은 수의 한자가 있는 것도 모두 이러한 하나의 종류의 사물에 하나의 글자를 부여한 것에 기인한 것이라는 내용도 언급하고 있다. 그리고 이에 대해 한자의 개수와 종류가 많은 것은 표의문자의 숙명이라고 마무리 하고 있다.

이러한 내용을 통해 부수(部首)라고 하는 것에 대해 생각해 볼 수 있다. 강희자전의 부수를 기본으로 하는 한자의 부수는 총 214개이다. 부수의 획수는 1획부터 17획까지인데 그것을 정리해 보면 다음과 같다.[3]

	부수자
1획	一 丨 丶 丿 乙 亅
2획	二 亠 人 儿 入 八 冂 冖 冫 几 凵 刀 力 勹 匕 匚 匸 十 卜 卩 厂 厶 又
3획	口 囗 土 士 夂 夊 夕 大 女 子 宀 寸 小 尢 尸 屮 山 巛 工 己 巾 干 幺 广 廴 廾 弋 弓 彐 彡 彳
4획	心 戈 戶 手 支 攴 文 斗 斤 方 无 日 曰 月 木 欠 止 歹 殳 毋 比 毛 氏 气 水 火 爪 父 爻 爿 片 牙 牛 犬
5획	玄 玉 瓜 瓦 甘 生 用 田 疋 疒 癶 白 皮 皿 目 矛 矢 石 示 内 禾 穴 立

---

3 표의 내용은 중국 중화서국(中華書局)에서 2019년에 출간한 《康熙字典》을 바탕으로 한 것이다.

6획	竹米糸缶网羊羽老而耒耳聿肉臣自至臼舌舛舟艮色艸虍虫血行衣襾
7획	見角言谷豆豕豸貝赤走足身車辛辰辵邑酉釆里
8획	金長門阜隶隹雨靑非
9획	面革韋韭音頁風飛食首香
10획	馬骨高髟鬥鬯鬲鬼
11획	魚鳥鹵鹿麥麻
12획	黃黍黑黹
13획	黽鼎鼓鼠
14획	鼻齊
15획	齒
16획	龍龜
17획	龠

주지하다시피 중국 한나라의 허신(許愼)이 편찬한《설문해자(說文解字)》의 부수는 총 540개였으나, 청나라의《강희자전(康熙字典)》에서는 이를 줄여서 214개의 부수가 되었다. 부수의 개수가 540개이건 214개이건 간에 이른바 '부수(部首)'라는 것은 글자의 의미를 풀이한 자전(字典)에서 한자를 찾기 위해 기준으로 삼은 부분이라 할 수 있다. 예컨대 앞서 본 '鳩'자의 경우 '鳥'부수에 가서 글자를 찾을 수 있는 것이다. 그러나 이러한 부수는 단지 이렇게 글자를 찾는 데에만 의미가 있는 것은 아니다. 그렇다면 부수의 또 다른 기능은 무엇일까? 그것은 바로 해당 한자가 동물과 식물 등 어디에 속하는지 알려주는 하나의 지표가 된다는 것이다. 예컨대

'松'이라는 글자가 있다고 했을 때, '木'이라는 지표를 통해서 이 글자의 계통은 동물이 아닌 식물이며, 식물 중에서도 꽃이나 풀이 아닌 '나무'임을 알 수 있는 것이다. 그리고 이러한 '木'이라는 지표의 기능을 하는 것이 바로 '부수(部首)'라 할 수 있다.

앞서 살펴본 '鷄', '鶯', '鷲', '鶴', '鷺', '鵝' 모두 이러한 새들이 구체적으로 어떠한 새인지는 확실히 모르더라도, 여기에 공통적으로 들어있는 '鳥'라는 부분을 보고 이들이 모두 '새'의 부류에 들어간다는 사실을 알 수 있다. 이렇게 글자에 들어간 요소를 통해 이들이 어떠한 부류에 들어가는지를 알 수 있다는 점은 '표의문자(表意文字)' 즉 뜻 부분이 들어있는 문자의 큰 장점이라 할 수 있다. 다만 이러한 표의문자에도 단점이 있는데, 그것은 하나의 개념에 하나의 글자를 부여하다보니 글자의 개수가 지나치게 많아졌다는 것이다. 앞서 언급된 바와 같이 큰 한자사전의 경우 50,000자가 수록된 것도 있고, 그것을 넘어서 70,000~80,000자가 들어있는 사전도 있다는 것이 이를 증명한다.

아울러 모두 알고 있는 바와 같이, 알파벳은 26자이고 한글자모는 24자 정도이기에 문자만 습득하기에 영어와 한글은 길면 일주일 빠르면 며칠이면 그 전체를 익힐 수 있다. 그에 비해 한자의 경우는 천자문(千字文)을 포함해서, 우리나라에서는 1,800자이고 일본에서는 2,136개로 제정한 상용한자(常用漢字)의 경우만 봐도 그 개수가 현저히 많다는 것을 알 수 있다. 이러한 점에서 순전히 문자(文字)의 측면에서 본다면, 한자(漢字)는 그것을 처음 접하는 어린이나 학생들에게 있어서는 비교적 진입장벽이 높은 문자라 할 수 있다. 그러나 앞서 논의한 바와 같이, 한자에는 그것이 속해있는 부류를 알려주는 지표가 눈으로 보인다는 점에서 개념을 학습하는 데에는 충분한 가치를 가진다고 생각된다. 이에 한자학습에 있어서는 수많은 한자들을 억지로 암기시키기 보다는, 한자의 구성 원리에 대한 충분한 이해를 바탕으로 해당 글자 속에서 어떠한 정보를 얻을 수 있는지에 대한 감각을 기르게 하는 것이 보다 효율적인 방안이 아닐까 한다.[4]

③ '바꿔 쓸 수 있는 한자 이야기' (vol.33)

이 칼럼에서는 일종의 '간체(簡體)'의 문제에 대해 다루고 있다. 즉 현재 일본에서는 '辯(변호할 변), 辨(분별할 변), 瓣(꽃잎 판), 辮(땋을 변)' 등을 모두 '弁'으로 쓰고 있지만, 2차 세계대전 이전에는 '辯, 辨, 瓣, 辮'으로 구분해서 썼었다는 것이다. 그리고 이러한 다양한 글자를 '弁'으로 통합해 쓴 이유는 '辯, 辨, 瓣, 辮'이라는 글자들이 너무 복잡해서 읽거나 손으로 쓰기 힘들어서였다고 한다. 이에 이러한 어려움을 타개하고자, 한자를 과도하게 사용하는 것을 방지하기 위해 만들어진 '당용한자(當用漢字)'를 제정할 때 '辯, 辨, 瓣, 辮'을 '弁'으로 통합했던 것이다. 실제 현재 일본의 상용한자표(常用漢字表)를 보면, 통용 글자체를 '弁'으로 명시하고 있으며 '辯, 辨, 瓣' 등은 옛 글자체라고 해서 통용 글자체에서 제외시키고 있다.[5] 이러한 일본 정부의 방침에 대해 본 칼럼의 논자는 약간의 불만을 가지고 있는 듯한데, 한자를 쓰기 쉽게 하기 위한 목적을 위해 의미의 차이를 무시한 폭력이라고 생각한다고 한 대목에서 그것을 느낄 수 있다. 칼럼의 논자는 같은 예로써 현재 일본에서 '월식(月蝕)'을 '월식(月食)'으로 '퇴색(褪色)'을 '퇴색(退色)'으로 쓰고 있는 사례들을 거론하고 있다.

---

4 일본한자능력검정협회, 〈한검(漢檢) 저널〉 32호, 2021년 6월 발행, 13면 참조.
5 https://ja.wikipedia.org/wiki/常用漢字一覧 참조.

먼저 '월식(月蝕)'을 보면 여기서의 '蝕'자는 '좀먹을 식'으로서 벌레가 풀이나 종이 같은 것을 파먹는 것을 의미한다. 이에 월식의 경우에는 달의 크기가 점점 작아지는 모양이 벌레가 파먹듯이 줄어드는 것과 흡사하다는 점에서 '좀먹을 식'자인 '蝕'을 써야 맞다. 그런데 이러한 '蝕'자가 어렵다고 여겨 '月蝕'을 '月食'으로 쓴다면 본래의 의미에서 한참 벗어난 것이 되는 것이다. 아울러 '퇴색(褪色)'의 경우에도 '褪'는 '빛이나 색이 바랜 것'을 의미하며, '褪色'은 말 그대로 '색깔이 바랜 것'이라는 뜻이 된다. 그런데 이를 간단하게 줄인 '퇴색(退色)'의 경우 '退'는 물러남을 의미하기에 이 역시 의미면에서 문제가 있다고 볼 수 있다. 이러한 점에서 사용의 편의를 위한 간체(簡體)의 측면에서 보다 쉬운 한자로 바꿔 쓰는 정책에 대한 칼럼의 논자의 의견에 대해 십분 공감이 되는 바이다. 이러한 차원에서 '辯, 辨, 瓣, 辮'을 '弁'으로 통합하는 경우에도, '辯, 辨, 瓣, 辮'의 개별적인 의미가 사라져버리는 문제가 발생할 수 있음을 알 수 있다.[6]

이러한 문제는 '문자의 본질'에 대한 거대한 질문을 우리에게 던져주는 것 같다. 다시 말하면 '문자(文字)'라는 것은 과연 '원래의 의미를 보존하는 것이 중요한 것인가?' 아니면 원래의 의미가 퇴색되더라도 '그것을 사용하는 사람들의 편리성에 맞춰야 하는 것인가?'라는 난제를 제기하고 있는 것이다. 원래의 뜻을 잃은 문자도 문제가 있고, 아무도 사용하지 않는 문자 역시 문제가 있다는 점에서, '문자(文字)'를 사용하는 우리는 이 중에서 결코 어느 하나를 선택할 수 없을 것이다. '문자'는 이러한 양자의 대립 속에서 끊임없이 갈등하며, 그 속에서 끝없는 부침을 겪어야 하는

---

6   일본한자능력검정협회, 〈한검(漢檢) 저널〉 33호, 2022년 2월 발행, 13면 참조.

슬픈 운명이 아닐까하는 생각도 든다.

④ '올림픽 참가국의 입장순서' (vol.34)

이 칼럼에서 주로 다루고 있는 내용은 한자 배열순서와 관련된 것인데, 그중에서도 '5필검자법(5筆檢字法)'에 대해 집중적으로 논하고 있다. 칼럼의 논자는 중국의 한자배열방식을 소개하면서 《강희자전(康熙字典)》이래 부수의 순으로 배열했던 부수법(部首法)이 주를 이루다가, 그 이후 '5필검자법'이 등장했다고 말하고 있다. 그리고 이러한 '5필검자법'의 방식에 대해 논하고 있는데, 필획의 가로·세로·꺾임 등의 순에 따라 한자 배열의 순서를 정한다는 것이다. 한글에서의 가나다순이나 영어에서의 알파벳순과 같은 글자배열 순서를 생각하면 이해가 쉬울 듯하다. 그런데 한자의 경우 한글이나 알파벳과는 달리 그 글자의 개수도 많고 획수도 복잡하기 때문에 그 배열의 문제가 어려웠다고 판단된다. 그럼에도 글자배열이 필요한 경우가 있기에 이에 중국에서는 '부수법(部首法)'을 쓰다가 이후에는 '5필검자법(5筆檢字法)'을 사용하고 있는 것으로 정리해 볼 수 있겠다.[7]

⑤ '글자 수수께끼[字謎]에 대해서' (vol.35)

이 칼럼에서는 한자와 관련된 수수께끼에 대해 이야기하고 있다. 칼럼을 쓴 논자의 개인적 경험인데, 아오모리[青森]에 여행 갔던 지인이 그곳에서 처음 보는 한자가 있어서 무슨 글자인지 자신에게 물었다는 것이다. 그 문장은 'りんご移出業(사과移出業)'이었는데, 여기서 '出'자의 뜻을

---

7   일본한자능력검정협회, 〈한검(漢檢) 저널〉 34호, 2022년 8월 발행, 13면 참조.

물었던 것이다. 논자가 보기에 '歲'의 약자(略字)인 '岁'처럼 보였지만, 모양이나 의미가 이 문장과 전혀 들어맞지 않는다고 판단하였다. 이 글자의 아랫부분인 '々'는 '人々'이나 '日々' 등과 같이 앞의 글자를 반복할 때 붙이는 표기기호이며, '도우노지텐(同の字点)'이나 '오도리지(踊り字)'라고 부른다고 한다. 그런데 '屮'의 경우 이를 '오도리지'로 보아서 山山이라고 본다하더라도 'りんご移山山業'은 말이 안 된다. 이에 논자는 고심한 끝에 불현듯 山山을 세로로 놓은 '出'이 아닐까 하는 묘안을 생각해 낸다. 이렇게 볼 경우 'りんご移屮業'은 'りんご移出業'이 되는데, 국내에 보내는 것은 이출(移出), 국외에 보내는 것은 수출(輸出)이 되기에 의미가 통하는 것이다. 즉 'りんご移出業'은 '사과 이출업(移出業)' 즉 '사과를 국내에 배송하는 업무'로 명쾌하게 이해된다.

'出' 대신에 '屮'을 쓴 것은 일종의 '수수께끼'라고 볼 수 있는데, 칼럼의 논자는 이러한 에피소드를 이야기한 뒤, 중국에서도 이와 같은 한자 수수께끼가 있다고 하면서 몇 가지 예시를 든다. 그 중 하나는 '人在草木間'인데, 이 문장을 직역하면 '사람이 초목(草木) 사이에 있다'이다. 눈치를 챘는지 모르겠지만, 이 문장은 바로 '茶' 즉 마시는 차를 뜻하는 '茶(차다)'의 모양을 묘사한 것이다. '茶'자의 위에는 풀 초(艹)가 있고 아래에는 木(나무 목)자가 그리고 그 사이에 人(사람 인)자가 있기에 '사람이 초목(=풀과 나무) 사이에 있다'로 풀이한 것이다. 이러한 문자풀이 혹은 문자놀이를 '字謎(자미)' 즉 '글자 수수께끼'라고 하는데, 중국에서는 이러한 놀이가 제법 있었다고 한다.

칼럼에서는 또 다른 예로써 《옥대신영(玉臺新詠)》의 글자 수수께끼를 소개하고 있다. 《옥대신영》은 중국 남조 진(陳) 나라의 서릉(徐陵)이 펴낸

육조 시대의 시집이라고 하는데, 후한(後漢)부터 삼국·남북조(三國·南北朝) 시대까지의 연애시를 모은 것이라고 한다. 그런데 이《옥대신영》안에 있는 '고절구(古絶句)'에 남편이 돌아오길 기다리는 아내의 시가 있는데, 그 시에서 어떤 아내가 "남편은 지금 '山上復有山'이네"라고 읊었다는 것이다. '山上復有山'은 직역하면, '산 위에 다시 산이 있네.'가 되는데, 이 역시 직역으로 푼다면 글의 문맥상 말이 안 된다. 그리고 이 경우에도 '山上復有山'은 '山자 위에 山이 있다'로 풀어서 '出'로 읽어야 하는 것이다. 그리고 이를 문장에 대입하면 "남편은 지금 출타중입니다."가 된다. 흥미로운 점은 이러한《옥대신영》의 언어유희가 일본의《만엽집(萬葉集)》에서도 응용되었다는 것이다.

논자는《만엽집》을 보면 원문 전체가 한자로 적혀있고 그 표기 방식이 '만요가나(萬葉仮名)'로 불리지만, 실제로는 음독(音讀)과 훈독(訓讀)을 구사한 다양한 방법이 적용되었다고 한다. 그리고 그 안에는 문자 유희를 사용한 '희훈(戱訓: 웃음이 들어간 훈계)'도 있다고 말하고 있다. 한편 그중에 연애에 푹 빠진 사람과 관련하여 "色ニ山上復有山者"라는 말이 있는데, 여기서의 '山上復有山'이 바로《옥대신영》의 '山上復有山'인 것이다. 그리고《옥대신영》의 수수께끼 풀이를 응용해서 "色ニ山上復有山者"를 해석하면, '(연애에 푹 빠진 사람은 그 행복감이) 얼굴에 드러난다[出]'가 된다. 이러한 사실을 통해 중국과 일본사람들 모두 '자미(字謎)' 즉 '글자 수수께끼' 놀이를 향유했음을 알 수 있으며, 이와 더불어 일본의《만엽집》에 중국 시가(詩歌)의 영향도 있었음을 확인할 수 있다.[8]

---

8 일본한자능력검정협회,〈한검(漢檢) 저널〉35호, 2023년 2월 발행, 13면 참조.

중국과 일본의 이와 같은 '글자 수수께끼' 혹은 '한자 수수께끼'는 일종의 '파자(破字)놀이'라 할 수 있겠는데, 이러한 파자의 활용은 전근대 사회에서 비밀리에 자신의 뜻을 전달하거나 유희로써 상대방을 웃기는 데에 사용되어 왔다. 이러한 '한자 수수께끼'는 호기심과 재미를 동반한다는 점에서 오늘날에도 흥미를 유발하는 효과가 있다고 생각되며, 수업 중에 학생들이 졸거나 기분전환이 필요할 때 활용해 보아도 좋을 듯하다.

⑥ '한자 鐵의 모양에 대하여' (vol.36)

이 칼럼에서는 '약자(略字)' 즉 간략화 시킨 한자에 대해 논의하고 있다. 주지하다시피 '鐵'은 금(金)·은(銀)·동(銅)과 같은 금속인 철(鐵)이다. 그런데 그 모양에서 볼 수 있는 바와 같이 획이 지나치게 많아서 손으로 쓰기가 어렵다. 이에 일본에서는 '鐵'을 줄여서 '鉄'이라는 약자를 만들어서 썼다는 것이다. 흥미로운 점은 2차 세계대전 이후 중국과 일본 모두 약자인 '鉄'을 썼지만, 이 글자를 쪼개어서 '金+失'로 보면 '돈[金]을 잃는다[失]'는 뜻이 되기에 철도(鐵道) 관련 업종에서 약자인 '鉄' 대신에 원래의 글자인 '鐵'을 쓰거나 '金 + 失'이 아닌 '金'과 '矢'를 합친 글자를 사용했다는 것이다.

그리고 논자에 따르면 '규슈(九州) 여객철도주식회사'의 경우 '金 + 失'이 아닌 '金'과 '矢'를 합친 글자를 사용하고 있는데, 그 이유는 '金'과 '矢'를 합친 글자의 경우 '돈[金]이 화살[矢]처럼 들어온다'고 믿고 있기 때문이라고 한다. 그리고 논자의 말에 의하면 '金 + 失' 대신에 '金 + 矢'을 쓰는 것은 일본의 관서(關西)지방 사람이라면 누구나 아는 상식이라고 한다. 그런데 이후에 아이들이 이 글자를 헷갈려한다고 하여, 결국 '鉄'로 쓰는

것으로 결정되었다고 한다.[9]

이러한 논자의 말을 보고 혹시나 하는 생각에 JR 즉 Japan Railways(일본 국유철도) 사이트를 찾아 보았는데, 서일본(西日本)에 해당하는 큐슈 JR에서는 '金+矢'을 쓰고 동일본(東日本) JR에서는 '鉄(金+失)'을 쓰고 있는 것이 확인되었다. 이러한 차이는 너무 미세하기에 대수롭지 않게 지나칠 수도 있겠지만, 획 하나에 전혀 다른 의미가 되는 한자(漢字)의 특성상 어쩌면 의외로 중요한 문제라고도 생각된다. 아울러 모두가 바라보는 글자에 의미를 부여하고 그러한 한자의 의미를 곁에 두고 살아가는 사람들의 마음속에, 한자의 진정한 존재가치가 있는 것은 아닐까하는 생각도 들었다.

⑦ '한자 莫과 暮의 관계: 고금자(古今字)에 대하여'(vol.37)

37호에 실린 '莫(없을 막)'과 '暮(저물 모)'의 고금자(古今字) 관계에 대한 내용을 보면 다음과 같다. 해가 진다는 의미의 한자는 원래 '莫'이었지만 이 글자가 이후에 '~가 없다'는 의미의 부정하는 말로 쓰임에 따라, '莫'은 본래의 뜻(=해가 진다)을 잃고 이 글자 대신에 '暮'라는 글자가 새롭게 만들어졌다는 것이다. 이렇게 볼 때 '해가 진다'는 의미에 있어서 옛 글자는 '莫(막)'이지만 현재의 글자는 '暮(모)'이며, 따라서 '莫(=古字)'과 '暮(=今字)'는 이른바 '고금자(古今字) 관계'라는 것이다.[10] 물론 이러한 내용은 상식이라고 보기에는 다소 어렵다고 느낄 수는 있다. 그러나 시간에 따른 한자의 형태와 의미가 어떻게 변천되었는지를 설명하고 있다는 점에서, 한자에 대해 관심을 가진 분들에게는 유익한 정보가 될 것으로 생각된다.

---

9   일본한자능력검정협회, 〈한검(漢檢) 저널〉 36호, 2023년 8월 발행, 13면 참조.
10 일본한자능력검정협회, 〈한검(漢檢) 저널〉 37호, 2024년 2월 발행, 11면 참조.

한편 본 칼럼의 경우, 한자학 분야에 있어 저명한 학자인 아쯔찌 데쯔찌(阿辻哲次) 선생이 감수를 맡고 있기에 학문적 공신력의 측면에서도 가치가 있다고 판단된다. 본 잡지는 여름과 겨울 이렇게 일 년에 두 번 발간되는데 무료 배포를 원칙으로 하고 있다. 이에 잡지를 비치하고자 하는 기관의 경우 본 협회에 연락하도록 권하고 있는데, 이러한 조치를 통해 본 협회에서 이루어지고 있는 활동이 자연스럽게 홍보되는 효과도 있을 것으로 사료된다.

3) 일본한자능력검정협회의 '올해의 한자'에 대하여

아울러 본 협회에서는 일 년에 한번 '올해의 한자'를 발표하고 있는데, 이 역시 본 협회의 홍보에 큰 역할을 하고 있는 것으로 보인다. 올해의 한자를 선정하는 방식은 일반인의 응모를 통해 이루어지는데, 지난해인 2023년의 경우는 '稅(세금 세)'자로 결정되었다. 응모된 총 투표수는 14만 7,878표였으며, '稅(세금 세)'자는 이 중에서 5,976표를 획득했다고 한다. 일반인들의 응모라는 점에서, 현재를 살아가는 다수의 사람들이 어떠한 생각을 하면서 살아가고 있는지를 파악할 수 있는 좋은 자료가 된다고 생각한다. 그리고 한검 박물관 전시관에 가면 교토에 있는 절인 청수사(淸水寺)의 주지를 맡고 계신 모리 세한(森淸範) 스님이 직접 붓으로 쓴 작품을 직접 볼 수 있다. 참고로 본 협회에서 올해의 한자를 선정하는 이벤트를 시작한 시기는 1995년부터이며, 선정된 한자를 매년 12월 12일에 발표한다고 한다. 이날 발표하는 이유가 있는데, 그것은 바로 12월 12일이 일본에서 제정된 '한자의 날(漢字の日)'이기 때문이다. 우리나라의 경우에도 매년 연말에 교수신문에서 올해의 사자성어를 발표하고 있는데, 일본의 경우처럼 '올해의 한자'를 선정해 보는 것도 나름 의미가 있지 않을까 하는 생각이 들었다.

3. 맺음말

마지막으로 소개하고 싶은 것은 본 협회에서는 '한자에 관한 연구 활동' 및 '일본어 능력 육성 활동'도 진행하고 있다는 것이다. 우선 연구와 관련해서는 '한자문화연구소(漢字文化硏究所)'와 같은 연구소에서 한자 및 한자교육과 관련된 연구 활동을 진행 중이다. 일본어와 관련해서는 일본어 능력 육성 활동도 병행하고 있는데, 이는 앞서 서두에서 언급한 바와 같이 일본어와 한자가 떼려야 뗄 수 없는 관계인 것에 기인한 것으로 보인다. '일본한자능력검정(漢檢)' 및 '비즈니스 일본어능력 테스트(BJT)' 그리고 '문장 독해·작성능력검정(文章檢)'과 같은 시험은 이러한 일본어 능력 육성 활동의 영역에서 이루어지는 코스라 할 수 있다.

전체적인 면에서 볼 때, 일본한자능력검정협회(日本漢字能力檢定協會)는 '교육'과 '연구' 그리고 '언어생활과의 연계'라는 측면에서 나름의 짜임새를 갖춘 단체라고 판단된다. 이러한 본 협회의 여러 활동들은 현재 우리나라에 있는 한자관련 기관에도 시사하는 부분이 있다고 생각된다. 그중 하나는 본 협회의 경우 기본은 한자능력검정기관이지만, 단순히 한자검정으로 끝나는 것이 아니라 학습자들에게 한자학습의 동기를 유발하거나 한자와 관련된 문화를 보급하는 활동도 병행하고 있다는 것이다. 물론 우리나라의 한자검정기관의 경우에도 홈페이지를 통한 홍보를 하거나 학술지를 발간을 하는 등 한자 교육 및 연구 분야에 있어 나름의 노력을 기울이고 있다. 다만 자라나는 어린 아이들에게 한자 학습을 친근하게 어 필하는 부분이 아직은 상대적으로 부족하다는 생각이 들기도 한다. 이러한 점에서 일본한자능력검정협회에서 진행하고 있는 각종 활동들(ex.정보지 발간 및 박물관·도서관 설립 등)은 주목되는 바가 있으며, 필요한 부분에 대해서는 참고해 보는 것도 좋을 듯하다는 생각을 해보았다.

참고문헌

일본한자능력검정협회, 〈한검(漢檢) 저널〉 31호, 2020년 10월 발행.
일본한자능력검정협회, 〈한검(漢檢) 저널〉 32호, 2021년 6월 발행.
일본한자능력검정협회, 〈한검(漢檢) 저널〉 33호, 2022년 2월 발행.
일본한자능력검정협회, 〈한검(漢檢) 저널〉 34호, 2022년 8월 발행.
일본한자능력검정협회, 〈한검(漢檢) 저널〉 35호, 2023년 2월 발행.
일본한자능력검정협회, 〈한검(漢檢) 저널〉 36호, 2023년 8월 발행.
일본한자능력검정협회, 〈한검(漢檢) 저널〉 37호, 2024년 2월 발행.

《康熙字典》, 中華書局, 2019.

https://www.kanken.or.jp/project/
https://www.kanjimuseum.kyoto/course/family.html
https://ja.wikipedia.org/wiki/常用漢字一覧

저자 소개

기유미

경성대학교 한국한자연구소 HK연구교수.

대표 논저로는 『바다동물, 어휘 속에 담긴 역사와 문화』(공저, 따비, 2023), 『부리와 날개를 가진 동물, 어휘 속에 담긴 역사와 문화』(공저, 따비, 2024), 『동양철학의 이해』(공저, 역락, 2024) 등이 있다.

주요 관심사는 현대한어, 사회언어학, 디지털인문학이다.

김시현

경성대학교 한국한자연구소 HK연구교수.

대표 논저로는 「계열관계와 결합관계를 통한 한중 조리동사의 대응관계 - 삶다(煮)류 의미장을 중심으로」, 『중국학』(대한중국학회, 2022), 『십이지 동물, 어휘 속에 담긴 역사와 문화』(공저, 따비, 2023), 『꽃과 나무, 어휘 속에 담긴 역사와 문화』(공저, 따비, 2023) 등이 있다.

주요 관심사는 중국 어휘학, 훈고학, 중국어교육 및 한중비교의 전반적인 언어학 연구이다.

남미영

경성대학교 인문문화학부 부교수.

신아사

현) 이화여자대학교 중국문화연구소 연구교수.

전) 경성대학교 한국한자연구소 HK연구교수.

주요 관심 분야는 중국어사, 대조언어학, 계량언어학, 동서문화비교 등이다.

이진숙

경성대학교 한국한자연구소 HK연구교수.

대표 논저로는 「근대 초기 고소설 영역본의 번역용례 연구: J. S. 게일의 미간행 『운영전 영역본』을 중심으로」, 『코기토』(인문학연구소, 2019), 『서양인의 한국고전학 선집』1, 2(공편역, 박문사, 2017), 『제임스 레게의 맹자 역주』1,2,3(공역, 도서출판3, 2021), 『십이지 동물, 어휘 속에 담긴 역사와 문화』(공저, 따비, 2023) 등이 있다. 주요 관심사는 동서 문화 비교이며, 최근에는 근대이중어사전에 대한 연구를 진행하고 있다.

이해구

경성대학교 산업디자인학과 부교수.

제품디자인기술사.

대표 논저로는 「한국의 전통석축 패턴 디자인 연구」(한국산업융합학회, 2020), 『라이노 3D와 Keyshot을 활용한 산업디자인』 등이 있다.

현재 경성대학교 유니버설디자인센터장을 맡고 있다

임현열

경성대학교 한국한자연구소 HK교수.

대표 논저로는 『인공지능인문학 Full Course』(인문과 교양, 2022), 『글쓰기 冊』(인문과 교양, 2021) 등이 있다.

주요 관심사는 국어음운론, 한국어교육, 전산언어학, 한자어 문해력 등이다.

조성덕

경성대학교 한국한자연구소 HK연구교수.

대표 논저로는 「한국문집소재 이체자연구」(박사학위논문, 2014), 『꽃과 나무, 어휘 속에 담긴 역사와 문화』(공저, 따비, 2024), 『중국 목록과 목록학』(공저, 역락, 2024), 「海篇心鏡四種版本的詳細書目考察以及朝鮮的接受樣態」, 『中國文字研究』 第三十九辑, 2024) 등이 있다.

주요 관심사는 한국 경학과 한국 이체자이다.

진미리

경성대학교 한국한자연구소 학생연구원.
주요 관심사는 한·중·일 언어와 문화, 서예, 영화 감상 등이다.

최승은

경성대학교 한국한자연구소 HK교수.
대표 논저로는 「가이바라 에키켄(貝原益軒)의 교육관에 관한 고찰 - 일본 근대 교육의 태동으로서의 가능성에 주목하여 -」, 『아시아연구』(한국아시아학회, 2019), 『십이지 동물, 어휘 속에 담긴 역사와 문화』(공저, 따비, 2023), 『한·중·일 동아시아 신화의 문화적 교차』, (공저, 제이앤씨, 2018), 『한일문화 연구의 새 지평 2: 타자의 눈으로 바라본 일본』(공저, 제이앤씨, 2018) 등이 있다. 주요 관심사는 일본 근세 후기부터 근대 초기의 초등교육이며, 특히 문자 학습에 관심을 가지고 연구 논문 업적을 축적하는 중이다.

하강진

동서대학교 미디어콘텐츠대학 교수.
대표 논저로는 『역주해 논개 삼장사 시문 총집』(경진출판, 2024), 『밀양 천년의 인물계보와 고전학』(경진출판, 2021), 『역주해 역대 촉석루 시문 대집성』(도서출판 경진, 2019), 『진주성 촉석루의 숨은 내력』(도서출판 경진, 2014), 「역대 양산군수의 개관과 주요 치적」(2024), 「자전 체재에서 본 『국한문신옥편』의 한국자전사적 위상」(2018), 「『자전석요』의 편찬과정과 판본별 체재 변화」(2014) 등이 있다.
주요 관심사는 지역고전학과 한국자전편찬사 연구이며, 최근 한실인문학연구소장으로서 『양산이씨종가 고문서 번역 학술연구 용역 보고서』(2024.9)를 단독 집필했다.

홍유빈

경성대학교 한국한자연구소 HK연구교수.
대표 논저로는 「방산 윤정기의 『시경강의속집』 연구」(고려대 박사학위논문, 2018), 「'「關雎」求賢詩說'에 대한 韓·中 詩經學 입론의 양상」(고전문학·한문학 연구학회, 2023), 『바다동물, 어휘 속에 담긴 역사와 문화』(공저, 따비, 2023), 『부리와 날개를 가진 동물, 어휘 속에 담긴 역사와 문화』(공저, 따비, 2024) 등이 있다.
주요 관심사는 연구 분야의 경우 韓·中·日의 경학론을 바탕으로 한 사서(四書)와 삼경(三經)에 대한 원의 탐구이며, 교육 분야의 경우 학생 및 일반인을 대상으로 하는 한자·한문 교육이다.

경성대학교 한국한자연구소 HK+사업단 교양총서 03
한자의 발자취를 따라
일본 간사이 지방

초판인쇄 2024년 10월 11일
초판발행 2024년 10월 25일

지은이	기유미 김시현 남미영 신아사 이진숙 이해구
	임현열 조성덕 진미리 최승은 하강진 홍유빈
기 획	경성대학교 한국한자연구소 HK+사업단
펴낸이	이대현
펴낸곳	도서출판 역락
편 집	이태곤 권분옥 임애정 강윤경
디자인	안혜진 최선주 강보민
마케팅	박태훈 김동건
주 소	서울시 서초구 동광로 46길 6-6 문창빌딩 2층
전 화	02-3409-2060(편집), 2058(마케팅)
팩 스	02-3409-2059
등 록	1999년 4월 19일 제303-2002-000014호
전자우편	youkrack@hanmail.net
홈페이지	www.youkrackbooks.com

ISBN 979-11-6742-863-9 04700
ISBN 979-11-6244-631-7 04700(세트)

* 책값은 뒤표지에 있습니다.
* 파본은 구입처에서 교환해 드립니다.